土地资源管理与行政审批实践参考

鲁斌 编著

云南出版集团
云南美术出版社

序　　言

一本适宜的书

读完《土地资源管理及行政审批实践参考》，觉得这是一本好书，一本适宜的书。全书共分6章、20个专题，阐释了土地预审、征转、利用、行政审批、不动产登记、土地确权等方方面面的问题，尔后，又突出强调“目前实际工作中存在的土地利用管理的突出问题”，可称之为较为全面系统，具有一定的适用价值。

作者编著这本书时，查阅了大量相关政策法规，言之有理，言之有据，具有政策高度，表述也较明晰准确，也就具有一定的指导价值。

此外，作者是一位在政府土地资源管理部门工作十余年的公务员，具有硕士学位，一方面熟悉国家土地资源管理大政方针及法律法规，一方面又是在一线从事土地资源管理审批的直接参与者，俗话说“十年磨一剑”，自然积累了一定的经验并具备土地资源方面相关工作的管理能力，无疑又会在所处理的工作个案中，看到一些正面或存在的突出问题。正面的，则应提倡，存在的问题则应由相关部门负责纠正。从这个意义讲，此书自然就具有一定的参考价值。

我深信，这本书，对从事土地资源工作的专业人士而言，或是会因业务原因从事申报、审批的单位和个人而言，都会起到一个好帮手的作用，大家有空，不妨翻一翻这本书，一定会有所收获的。

是以之为序。

周文林

2018 年 9 月 1 日

目　录

第一章 规划预审

一、土地利用总体规划

（一）土地利用总体规划的概念

各级人民政府为合理利用和保护土地资源，依据当地国民经济和社会发展规划、国土整治和资源环境保护的要求、土地供给能力以及各项建设对土地的需求，对一定时期（规划期内）行政辖区所有土地进行的科学合理安排的行为。

（二）我国的基本国情和国策

我国人多地少，土地资源十分宝贵，“十分珍惜、合理利用土地和切实保护耕地”是我国的基本国策。

我国实行土地用途管制制度，将土地分为农用地、建设用地和未利用地。严格限制农用地转为建设用地，控制建设用地总量，对耕地实行特殊保护。

农用地是指直接用于农业生产的土地，包括耕地、林地、草地、农田水利用地、养殖水面等。

建设用地是指建造建筑物、构筑物的土地，包括城乡住宅和公共设施用地、工矿用地、水利交通设施用地、旅游用地、军事设施用地等。

未利用地是指农用地和建设用地以外的土地。

基本农田是指按照一定时期人口的社会经济发展对农产品的需求，依据土地利用总体规划确定的不得占用的耕地。

（三）土地利用总体规划的编制原则

1. 严格保护基本农田，控制非农业建设占用农用地；

2. 提高土地利用率；

3. 统筹安排各类、各区域用地；

4. 保护和改善生态环境，保障土地的可持续利用；

5. 占用耕地与开发复垦耕地相平衡。

（四）土地利用总体规划的编制模式

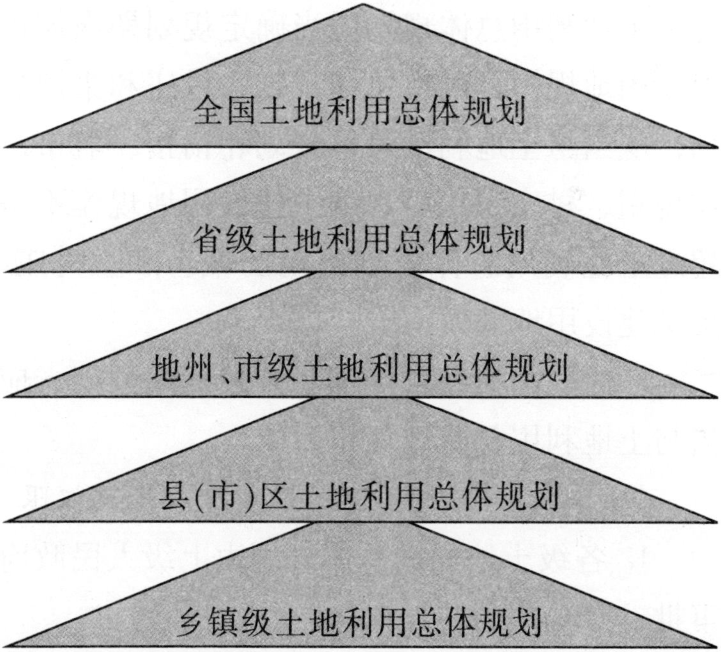

注：全表示全国土地利用总体规划

·下级土地利用总体规划必须依据上一级土地利用总体规划编制

·土地利用总体规划中确定的各项末期目标不得超过上一级土地利用总体规划确定的控制指标

（五）土地利用总体规划与相关规划的关系

土地利用总体规划应当确定规划期内城市建设用地规模，城市总体规划、村庄和集镇规划，应当与土地利用总体规划相衔接，城市总体规划、村庄和集镇规划中建设用地规模不得超过土地利用总体规划确定的城市和、村庄、集镇建设用地规模。

江河、湖泊综合治理和开发利用规划，应当与土地利用总体规划相衔接。

（六）土地利用总体规划审批和修改权限

1. 各级土地利用总体规划由上级人民政府审批；

2. 省会城市、人口一百万以上城市以及国务院指定的城市报国务院审批；

3. 乡镇级土地利用总体规划可以由省级人民政府授权的设区的市、自治州人民政府批准；

4. 规划修改和审批权限基本一致。

（七）土地利用总体规划目标

1. 控制人口增长，控制建设用地增量，特别是建设占用耕地数量；

2. 保护耕地和基本农田，确定耕地保有量和基本农田保护目标；

3. 实现生态环境综合整治，积极推进陡坡耕地和轮歇地退耕还林；

4. 提高土地利用率和生产率，确定新开垦耕地目标。

二、土地利用年度计划

（一）土地利用年度计划的概念

土地利用年度计划是指国家对计划年度农用地转用量、土地开发整理补充耕地量和耕地保有量的具体安排。

（二）土地利用年度计划的编制原则

1. 严格依据土地利用总体规划，控制建设用地总量，保护耕地；

2. 以土地供应引导需求，合理、有效利用土地；

3. 优先保证国家重点建设项目和基础设施

项目用地；

4. 占用耕地与补充耕地相平衡；

5. 城镇建设用地增加与农村建设用地减少相挂钩；

6. 保护和改善生态环境，保障土地的可持续利用。

（三）土地利用年度计划指标

土地利用年度计划指标包括：

农用地转用计划指标：分城镇村建设占用农用地指标和能源、交通、水利等独立工矿的重点建设项目占用农用地指标。

土地开发整理计划指标：分土地开发补充耕地指标和土地整理复垦补充耕地指标。

耕地保有量计划指标：农用地转用计划指标的基础上增设控制指标。

土地利用年度计划结构示意图

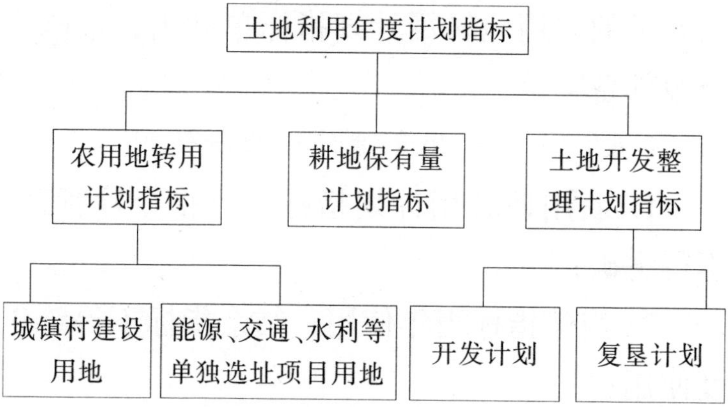

（四）土地利用年度计划指标下达

1. 全国土地利用年度计划下达到省、自治区、直辖市以及计划单列市、新疆生产建设兵团；

2. 农用地转用计划指标只下达城镇村（包括独立工矿区）建设占用和由省审批农用地转用的建设项目占用农用地的计划指标；

3. 地方人民政府国土资源部门可以将上级下达的土地利用年度计划指标分解，经同级人民政府批准后下达；

4. 省级人民政府国土资源部门在分解下达

计划时，应当将国务院批准土地利用总体规划的城市的农用地转用计划指标单列出，报国土资源部备案。

（五）土地利用年度计划指标使用

1. 农用地转用计划指标实行指令性管理，不得突破；

2. 当年指标当年使用，结余指标不得跨年度使用；

3. 城镇村建设占用农用地指标和能源、交通、水利等单独选址项目占用农用地指标不得混用；

4. 因特殊原因需增加计划指标的可以向下达计划指标主管部门申请结转或追加指标；

5. 农用地转用计划指标采用分级使用方式。

（六）土地利用年度计划指标分级使用原则

1. 需国务院和国家发展改革委等部门审批、核准的重点项目，由国土资源部给予安排农用地转用计划指标；

2. 省人民政府和省发改委等部门审批、核准的重点项目，由省国土资源厅给予安排农用地转用指标；

3. 城镇村建设和市级部门审批、核准的单独选址项目，由市国土资源局安排当年农用地转用指标；

4. 农村社员建房由市国土资源局下达各县区农用地转用指标解决。

三、建设项目用地预审

（一）建设项目用地预审的概念

指国土资源管理部门在建设项目审批、核准、备案阶段，依法对建设项目涉及的土地利用事项进行的审查。

（二）建设项目用地预审原则

1. 符合土地利用总体规划；
2. 保护耕地，特别是基本农田；
3. 合理和集约利用土地；
4. 符合国家供地政策。

（三）建设用地分级预审的项目

1. 需由国土资源部预审的项目：

(1) 建设项目占用规划确定的城市建设用地范围内土地的，由市级国土资源部门预审，转报国土资源部预审；

(2) 涉密军事项目和国务院批准的特殊建设项目用地，由国土资源部直接预审。

2. 需由省级国土资源部门预审的项目：

(1) 省人民政府和发展改革委审批、核准的项目；

(2) 国土资源部委托省国土资源厅预审的项目：

a. 国务院和国家发改委审批、核准的项目，国土资源部委托项目所在地的省级国土资源部门受理；

b. 由国土资源部负责预审的输电线塔基、钻探井位、通讯基站等小面积零星分散建设项目用地，委托省级国土资源管理部门预审，报国土资源部备案。

3. 由市级国土资源部门预审的项目：

(1) 市人民政府和发展改革委审批、核准的项目；

（2）城镇村建设批次报批项目；

（3）省国土资源厅委托预审的项目。

（四）建设项目用地预审审查内容

1. 建设项目用地选址是否符合土地利用总体规划，是否符合土地管理法律、法规规定的条件；

2. 建设项目是否符合国家供地政策；

3. 建设项目用地标准和总规模是否符合有关规定；

4. 占用耕地的，补充耕地初步方案是否可行，资金是否有保障；

5. 符合有关土地利用总体规划修改有关规定的，审查规划的修改方案、建设项目对规划实施影响的评估报告等是否符合法律、法规的规定。

（五）建设项目用地预审（初审）需提交的资料

1. 建设项目用地预审的申请表以及预审的申请报告（应包括拟建设项目基本情况、拟选址情况、拟用地总规模和拟用地类型、补充耕地初步方案）；

2. 项目建议书批复文件和项目可行性研究报告；

3. 有权初审部门出具的初审意见；

4. 符合土地利用总体规划修改规定的，还应该提供规划修改方案，建设项目对规划实施影响的评估报告等资料。

（六）建设项目用地预审期限

建设项目用地预审文件有效期为两年，自批准之日起开始计算。已经预审的项目，如需对土地用途、建设项目选址等进行重大调整的，应当重新申请预审。

（七）建设项目用地预审或初审意见内容

1. 建设项目是否符合土地利用总体规划；符合修改土地利用总体规划规定的，修改方案和实施影响报告是否合法；

2. 建设项目是否符合国家供地政策；

3. 建设项目用地规模是否合理，符合国家有关政策规定；

4. 建设项目是否落实耕地占补平衡。

四、建设项目用地预审（初审）审批实践参考

（一）具体项目建设用地预审

1. 具体项目建设用地预审流程图。

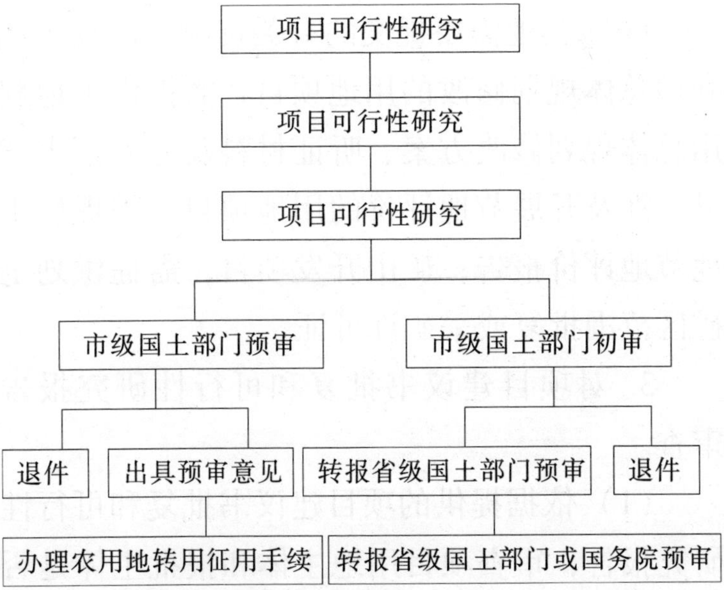

2. 具体项目建设用地预审申报材料。

（1）建设项目用地预审申请表及申请报告；

（2）建设项目依据；

（3）项目可行性报告或项目核准报告；

（4）标注项目用地范围的土地利用总体规

划图、土地利用现状图、平面布置图及其他相关图件；

（5）项目用地权属材料及项目现状分类面积表、用地边界拐点坐标；

（6）其他需要提交的有关资料：涉及土地利用总体规划修改的用地项目，需提供土地利用总体规划修改方案、听证材料及专家评审意见；涉及开展节地评价的用地项目，需提供土地节地评价报告；矿山开发项目，需提供划定矿区范围批复或采矿许可证。

3. 对项目建议书批复和可行性研究报告审查。

（1）依据提供的项目建议书批复和可行性研究报告，审查项目用地主体和报批主体是否统一；

（2）依据项目建议书批复和可行性研究报告，确定单独选址项目由哪级国土资源部门预审；

（3）依据《划拨供地目录》审查项目用地是否符合国家供地政策；

（4）审查项目用地是否符合国家产业政策。

4. 对建设项目用地预审申请表和申请报告审查。

（1）审查建设项目用地规模等指标是否符合国家有关规定；

（2）审查项目各组成部分用地的情况（结合平面布置图）是否合理。

5. 对项目拟用地位置的 1∶1 万乡级土地利用现状图和规划图审查。

（1）审查项目用地拟选址是否符合乡级土地利用总体规划；

（2）审查项目用地现状与用地单位提供的项目用地分类面积是否一致；

（3）修改土地利用总体规划是否符合国家有关规划修改的规定，提交的规划修改资料是否齐备。

6. 对建设项目总平面布置图审查。

（1）审查项目用地是否合理；

（2）审查项目建设功能分区，用地规模、容积率、投资强度等指标是否符合国家有关规定；

(3) 审查项目平面布置图确定的用地面积是否与用地单位申请的面积一致。

7. 具体建设项目预审意见包含的内容。

(1) 建设项目是否符合土地利用总体规划；

(2) 建设项目用地规模是否符合国家有关规定，功能布局是否合理；

(3) 补充耕地方案是否可行；

(4) 是否同意项目建设通过预审；

(5) 修改规划的项目是否符合国家关于规划修改的有关规定；

(6) 预审意见有效期。

（二）投资体制改革

改革项目审批制度，对于企业不使用政府投资建设的项目，一律不再实行审批制，区别不同情况进行核准制和备案制。对重大项目和限制类项目进行核准，其他项目改为备案制。

规范政府核准制。《政府核准的投资项目目录》中确定的需经政府核准的项目，由企业向政府提交项目申请报告，政府从市场准入、资本项目等方面进行核准。

健全备案制。除《政府核准的投资项目目录》以外的企业投资项目，实行备案制，企业安置属地原则向地方投资主管部门备案。

政府对于项目审批的方式主要有以下三种：立项制，指对政府投资建设的项目进行立项审批的制度。核准制，指对非政府投资建设的重点项目和限制类项目依申请进行审核的制度。备案制，指对除以上两项外的其他建设项目不进行审批核准，只进行备案的制度。

（三）城镇批次建设用地规划审查

1. 城镇批次用地规划审查的流程图。

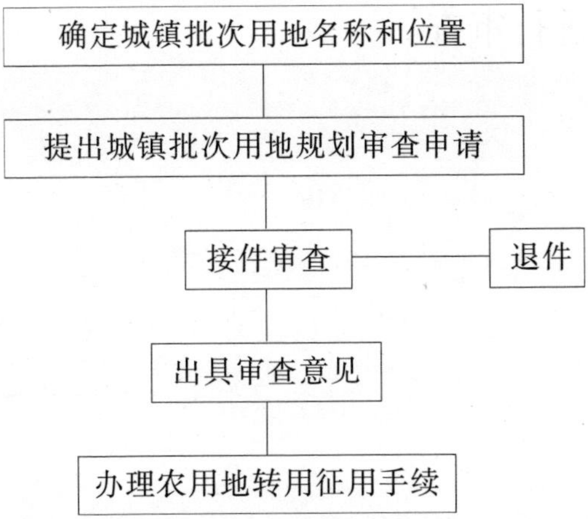

2. 城镇批次用地规划审查申报材料。

（1）县、区人民政府城镇批次用地的申请报告，报告中应明确城镇批次用地名称、拟用地位置、用地规模等内容；

（2）城镇批次用地拟用地位置土地利用总体规划图和土地利用现状图；

（3）城镇批次用地分类面积表。

3. 城镇批次用地规划审查内容。

（1）对县（市）区人民政府关于城镇批次用地申请报告的审查，明确城镇批次用地名称、用地规模和用地位置；

（2）对城镇批次用地是否符合土地利用总体规划进行审查。

第二章　农用地转用与土地征收

根据《土地管理法》用途管制的指导思想，新增建设用地审查报批业务分为：农用地转用审查报批、土地征收（用）审查报批。按报批组件方式又具体分为单独选址建设项目用地审查报批和批次建设用地审查报批。

一、农用地转用审查报批的有关规定及报批的原则

（一）农用地及农用地转用的含义

农用地是指直接用于农业生产的土地，包括耕地、园地、林地、牧草地和其他农用地。

农用地转用是指现状的农用地按照土地利用总体规划、土地利用年度计划和国家规定的批准权限报批后转变成建设用地的行为，又称为农用地转为建设用地。未利用土地转为建设

用地以及农用地内部之间的相互转换不属于农用地转用的范畴。

（二）农用地转用的审批权限和依据

1. 农用地转用的审批权限。

（1）国务院批准农用地转用的范围。

国务院批准的建设项目，国务院有关部门、国家计划单列企业和省（自治区、直辖市）人民政府批准的道路、管线工程和大型基础设施建设项目；

在土地利用总体规划确定的直辖市、计划单列市和省（自治区）人民政府所在地的城市及人口在50万以上的城市建设用地规划范围内，为实施该规划按土地利用年度计划申请的城市分批次用地。

（2）省级人民政府批准农用地转用的范围。

省级人民政府有关部门和市（地）、县（市）人民政府及有关部门批准立项的单独选址建设项目；

在土地利用总体规划确定的人口在50万

以下的城市建设用地规模内，为实施该规划按土地利用年度计划申请的城市分批次用地。

（3）地州市人民政府批准农用地转用的范围。

若乡（镇）土地利用总体规划已由省级人民政府授权的地州市人民政府批准，则该乡（镇）所在地的镇区及所属的村庄、集镇的建设用地规模范围内的农用地转用，可以由地州市人民政府批准。

2. 农用地转用审批的依据。

（1）土地利用总体规划。

土地利用总体规划是实行农用地转用审批的基础，通过划分土地利用区、确定每一块土地的用途和土地使用条件，来控制和引导土地利用，以达到科学、合理利用土地的目的。农用地转为建设用地，首先应当看是否符合土地利用总体规划，如果符合土地利用总体规划，可以转为建设用地，否则，将不得转为建设用地。

（2）土地利用年度计划。

土地利用年度计划是国家对建设用地实行宏观控制的重要措施，也是实施土地利用总体规划的具体步骤和必要手段。土地利用年度计划中，包括耕地保有量、农用地转用、土地开发整理三项指标，农用地转用主要是依据农用地转为建设用地的计划指标。

需要说明的是，城市（镇）批次占用的农用地转用计划指标不能结转使用。

（3）农用地转用审批与土地征收审批的关系。

征收农用地时，若农用地转用审批的权限属于国务院，则农用地转用和土地征收由国务院同时审批。

征收农用地时，若农用地转用审批的权限和土地征收的审批权限均属于省级人民政府，则农用地转用和土地征收由省级人民政府同时审批。

征收农用地时，若农用地转用审批的权限属于省级人民政府而土地征收的审批权限属于国务院，则农用地转用先由省级人民政府审批，农用地转用批准后土地征收再报国务院审批。

二、土地征收（用）审查报批的有关规定及报批的原则

（一）土地征收（用）的相关法律规定

全国人大十届二次会议对原《宪法》第十条第三款“国家为了公共利益的需要，可以依照法律规定对土地实行征用”进行了修改，改为“国家为了公共利益的需要，可以依照法律规定对土地实行征收或者征用”，这一重要修改，既确定了国家为了公共利益的需要有权征收、征用公民个人财产和农民集体土地，又确定了国家实施征收征用必须遵循目的正当性（公共利益）、程序正当性（依据法律规定）和必须给予被征收人、被征用人补偿的基本原则。因此，现行的土地征收和征用制度是修订后的宪法为了正确处理私有财产保护和公共利益需要、公民权利和国家权力之间的关系而确立的法律制度。其各自的法律涵义应为：土地征收是指为了公共利益的需要，国家把私人所有的财产强制地征归国有，体现了所有权的改

变。简单来说就是国家从被征收人手中取得了所有权，发生了所有权的转移。土地征收具有统一性、控制性、补偿性、强制性的特征，土地征收审批是建设用地审批制度的重要环节，它是土地所有权的转移，征地过程中应依法保护集体所有权人的合法利益。

土地征用是指为了公共利益的需要，强制地使用公民的私有财产，体现了使用权的改变。简单来说就是国家在紧急情况下对私有财产的强制性使用，在紧急情况结束后，要把被征用的财产归还权利人，从某种意义上来讲，实际属于临时用地的范畴。

（二）土地征收的审批权

土地征收的审批权只有国务院和省级人民政府两级。征收基本农田、基本农田以外的耕地超过35公顷、其他土地超过70公顷由国务院批准；基本农田以外的耕地不超过35公顷、耕地以外其他土地不超过70公顷由省级人民政府批准。

（三）征收土地补偿标准

1. 土地补偿费：是因国家征收土地对土地所有者和土地使用者对土地的投入和收益造成损失的补偿，补偿对象包括土地的所有权人和使用权人，补偿标准为该耕地被征收前三年平均年产值的6－10倍。

2. 安置补助费：是为了安置以土地为主要生产资料并取得生活来源的农业人口所给予的补助费用，征收土地的安置补助费按照需要安置的农业人口数计算，每一个需要安置的农业人口的补偿标准为该耕地被征收前三年平均年产值的4—6倍。

3. 青苗补偿费：被征收土地上有青苗的，按当季一茬大春或小春的实际产值补偿。

4. 地上附着物补偿费：按实地现有情况据实补偿（如道路、沟渠、树木、建筑物、管网等通讯曾经投入了一定劳力、资金的实物）。对房屋及其他设施，采取产权调换、作价补偿或两者相结合的形式进行补偿，作价补偿的标准按照重置价结合成新价计算。

第三章 土地利用

一、土地利用管理

（一）土地利用

土地利用是指人类通过一定的行为，利用土地特性来满足自身需要的过程。分为生态利用（利用土地可更新资源特性进行农用地种植活动）、空间利用（利用土地空间为人类生产生活提供场地，通过规划功能的不断变化，做到土地利用的可持续发展，满足循环经济的利益需要）、景观空间（旅游、娱乐业，现代土地利用的重要方式）。

（二）土地利用管理

通过行政、法律、经济的手段规范人类对土地利用的一切活动，实现土地资源的合理利用和优化配置，追求土地利用的经济、社会、生态综合效益的最优化。具体通过土地规划、耕地保护、建设用地管理来实现。建设用地管理应包括建设用地的前期预审（批前）、用地报批（批中）和供地后的跟踪检查（批后）的全过程管理；通过建设用地具体项目管理，促进国家经济社会发展，也是科学合理利用土地资源，落实土地宏观调控在微观层面上的行政管理和技术保障（通过地价管理，土地出让金的收取等）的关键措施。将土地资源变为土地资产管理的重要途径。实现科学发展观和经济的循环发展。

土地利用管理是承上启下的重要环节，建设项目经过预审审查、农用地征、转用的审批，仅仅是宏观侧面的审批，并未落实土地使用权人，只有通过具体供地才能体现微观侧面的管理，同时也是由土地资源转为土地资产（价值）管理的重要环节。

二、土地利用管理的内容

（一）宏观管理

通过编制建设用地供应计划、建立建设用

地备案制度、和城市地价调查与监测制度，体现土地政策参与国民经济宏观调控，一是要调控建设用地总量，二是调控土地供应结构，三是调控不同区域的土地供应。充分发挥土地供应对宏观经济运行的调控作用，是基础性和长效性的工作，对政府及时掌握全国和区域土地审批、供应，适时参与调控具有重要的意义。

（二）微观管理

1. 建设用地管理：具体建设项目供地，集体建设用地管理；

2. 土地使用权出让评估价格备案。

三、国有建设用地具体项目供地方式

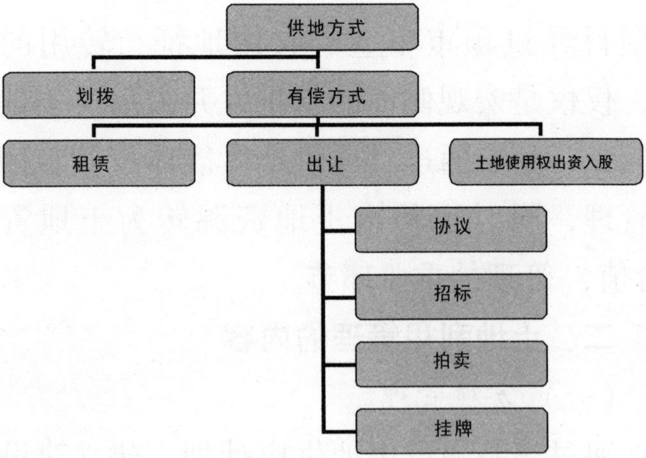

（一）划拨

经县以上人民政府批准，将符合《划拨用地目录》的项目用地无偿无期限的交与用地单位。是计划经济时期形成的，随着经济体制改革的不断深化，划拨供地的范围逐渐缩小。（自然资源部土地利用司制订的《国有建设用地划拨目录》（修订稿）已在征求意见。）

1. 划拨范围。

国家机关：权利机关、行政机关、审判机关、军事机关用地；

军事用地：军事设施；军用交通设施；军用通讯设施等；

城市基础设施：城市给排水、污水处理、供电；市内交通等；

公益事业用地：非经营性学校、医院、文化、体育场所等；

国家重点扶持的能源、交通、水利等基础设施用地：中央和地方共同投资，享有国务院优惠政策的煤炭、石油、天然气、铁路、港口等用地。

2. 划拨土地权能：土地处置权有限。

（二）有偿供地

指国家将一定的时期内的土地使用权提供给单位和个人使用，土地使用者向国家缴纳土地使用费。有偿供地方式有：

1. 国有土地使用权出让。

指国家将一定年限内的土地使用权出让给单位或个人使用，土地使用者向国家缴纳土地出让金的行为。

方式：协议、招标、拍卖、挂牌。

（1）协议出让范围：

a. 只有一个意向性使用者的工业项目用地；

b. 经营性的基础设施、公益事业、文教卫生用地；

c. 原划拨土地使用者在不改变原土地用途前提下，申请补办出让手续的用地；

d. 原划拨土地使用者利用原有建筑物，且不拆除、申请改变为经营性用途的，符合规划并经依法批准改变用途的用地；

e. 征地过程中预留给本村集体经济组织的农民预留安置用地，商品房开发、加油站除外的；

f. 种植养殖业用地；

g. 符合划拨供地目录、但用地单位申请直接办理出让手续的项目用地；

h. 司法裁定中，按原批准用途办理相关手续的；

i. 企业改制按原用途处置的土地（破产企业除外）；

j. 法律法规规定的其他可按协议方式出让的用地。

（2）招标、拍卖、挂牌范围：

a. 凡属于新增建设用地和政府储备建设用地中用于商业、旅游、娱乐、房地产用地的供应；

b. 原划拨土地需要重建变更为经营性用地的，可由政府收购后再以招标拍卖挂牌方式出让，同等条件下，原土地使用权人有优先受让权；

c. 司法裁定中，涉及用途变更的按法律规定必须招拍挂的；

d. 旧城改造和城中村改造中规划为经营性用地的；

e. 军队用地转为民用土地用于商业、旅游、娱乐和商品房住宅等经营性用地的；

f. 征地过程中预留给本村集体经济组织的农民预留安置用地，进行商品房开发、加油站建设的或首次转让的。

2. 国有土地使用权租赁。

指国家将国有土地使用权出租给土地使用者，由土地使用者与县级人民政府土地行政主管部门签订一定年期的土地租赁合同，并支付土地租金的行为。

3. 国有土地使用权作价出资或入股。

指国家以一定年期的国有土地使用权作价，作为出资投入股份公司或者有限责任公司，相应的土地使用权转化为国家对企业出资的国家资本金或股本金的行为。土地使用权由股份公司或者有限责任公司持有，享有出让使用权的一切权利。

该种方式有严格界定，是涉及国民经济命脉，国有经济占支配或垄断地位的项目。主要为重要基础性、公益性产业，如航天航空业、石油石化业、重要矿产业等，土地处置方案由省政府或中央批准，市级政府没有审批权限。

四、国有建设用地出让年限

商业、娱乐业、旅游业：40 年；

工业用地、教育、科技、卫生、体育用地、其他用地：50 年；

居住用地：70 年；

出让权能：可以转让、出租、抵押。

五、土地出让金收取政策

土地出让金，政府按照“收支两条线”的规定，按土地市场价向受让人收取。

协议出让最低价的确定。根据《城市房地产管理法》和《协议出让国有土地使用权规定》（国土资源部 21 号令）的规定，采取双方协议方式出让土地使用权的出让金不得低于按国家规定所确定的最低价。协议出让最低价不得低于新增建设用地的土地有偿使用费、征地（拆迁）补偿费用以及按照国家规定应当缴纳的有关税费之和；有基准地价的地区，协议出让最低价不得低于出让地块所在级别基准地价的70%。协议出让底价低于最低价时，国有土地使用权不得出让。

1. 土地出让金：土地出让交易的总额（按规定向受让人收取的土地出让全部价款）。包括：各级政府的征地规费、土地补偿安置费、土地开发整理费、计提基金和政府收益。

2. 土地市场价：对拟供建设项目用地，经有资质的中介机构评估后、由政府确认或备案的评估价格。

3. 楼面地价：楼面地价是指每平方米建筑面积所分摊到的土地价格。也就是每方米土地价格与建筑物容积率之间的比值。具体公式推理如下：

容积率 r = 建筑面积/占地面积；

宗地价 p = 建筑占地 × 基准地价；

楼面地价 = 宗地地价 P/建筑面积 = 建筑占

地×基准地价/建筑面积=1/R×宗地地价。

4. 新增建设项目用地供应、以招标拍卖挂牌方式出让的经营性用地，全额收取土地出让金。

5. 已取得划拨土地使用权申请按原用途补办出让手续的，按申请时点的土地市场价补缴土地出让金。

（1）出让时不改变土地及建筑物、构筑物现状的，应按本规范评估在现状使用条件下的出让土地使用权正常市场价格，减去划拨土地使用权价格，作为评估结果，并提出底价建议。

（2）出让时重新设定规划建设条件的，应按本规范评估在新设定规划建设条件下的出让土地使用权正常市场价格，减去现状使用条件下的划拨土地使用权价格，作为评估结果，并提出底价建议。

6. 已取得出让土地使用权经政府批准变更用途或容积率的用地，按市场价补缴土地出让金。

（1）调整容积率的，需补缴地价款 = 楼面地价乘以新增建筑面积，楼面地价按新容积率规划条件下估价期日的楼面地价确定。

（2）调整用途的，需补缴地价款 = 新、旧用途楼面地价之差乘以建筑面积。新、旧用途楼面地价均为估价期日的正常市场价格。

（3）用途与容积率同时调整的，需补缴地价款 = 新用途楼面地价乘以新增建筑面积，加上新、旧用途楼面地价之差乘以原建筑总面积。新用途楼面地价按新容积率、新用途规划条件的正常市场楼面地价确定，旧用途楼面地价按原容积率规划条件下的正常市场楼面地价确定。

7. 工业用地和经营性的基础设施、公益事业、文教卫生用地的供应，按宗地土地市场价收取出让金。（宗地地价 = 土地市场价格，不再考虑容积率。）

六、国有建设用地供应政策

建设用地供应政策涉及规划计划、产业政策、供地方式等一系的法律法规、行政规章和政策措施。

（一）按规划、计划供地

按计划供应土地，也是宏观调控土地市场的重要手段。法律规定根据地方社会经济发展计划、产业政策、土地利用总体规划、土地利用年度计划、城市规划和土地市场状况，编制国有土地使用权供地计划。

（二）按产业政策供地

产业政策是国家对经济进行宏观调控的重要手段。如果说计划是总量控制，那么产业政策就是结构调控，信贷政策和土地政策应与之相配合，才能使国家产业政策落到实处。

在土地供应的政策上，依照国家产业政策，国土资源部门应对淘汰类、限制类项目分别实行禁止和限制用地。与产业政策配套的是两个目录，即《限制供地项目目录》（2012 年本）和《禁止供地项目目录》（2012 年本）。2003 年以来，为防止盲目投资、低水平重复建设，切实加强对宏观经济的调控，国务院和国务院有关部门出台了一些系列的宏观调控的政策措施。这些政策归纳起来主要有：

1. 控制钢铁电解铝水泥行业、电石和铁合金行业、焦炭等行业的投资和建设，在供地上实行限制。

a. 钢铁：对新建钢铁联合企业、独立炼铁厂、炼钢厂项目的建设用地，除国务院批准立项的新建项目外，一律停止农用地转用和土地征用。

b. 电解铝：对新建电解铝项目的建设用地，除国家投资主管部门批准立项的新建项目，一律停止报批农用地转用和土地征用。

c. 水泥：鼓励日产4000吨以上的新型干法项目用地，对新建、扩建水泥项目的建设用地，要严格控制征地规模，严格征地审核和征地补偿安置监督。

d. 对电石和铁合金行业的土地供应要以行业准入条件为依据，严把市场准入关。

e. 对焦炭行业要严格审批管理，除国家重点大型钢铁企业配套建设和城市居民供气需要建设的外，在国家出台有关新的政策规定出台前，各级投资主管部门要暂停审批新的焦炭生产项目，国土资源行政策主管部门不得受理用地申请。

2. 调控房地产市场。

一类是禁止供地项目：别墅类房地产开发项目、高尔夫球场项目、赛马场项目、党政机关（含国有企事业单位）新建、改扩建培训中心（基地）和各类具有住宿、会议、餐饮等接待功能的设施或场所建设项目、未依法取得探矿权的矿产资源勘查项目、未依法取得采矿权的矿产资源开采项目。

另一类是限制供地项目，主要有：

(1) 党政机关新建办公楼项目。中央直属机关、国务院各部门、省及计划单列市党政机关新建办公楼项目：须经国务院批准；中央和国家机关所属机关事业单位新建办公楼项目：须经国家发改委批准（使用中央预算内投资7000万元以上的，须经国务院批准）；省直厅（局）级单位和地、县级党政机关新建办公楼项目：须经省级人民政府批准；地、县级党政机关直属单位和乡镇党政机关新建办公楼项目：须经地级人民政府（行署）批准）；

（2）城市主干道路项目。城市主干道用地红线宽度（包括绿化带）不得超过下列标准：小城市和建制镇 40 米，中等城市 55 米、大城市 70 米。200 万人口以上特大城市主干道需超过 70 米的，城市总体规划中应有专项说明；

（3）城市游憩集会广场项目。用地面积不得超过下列标准：小城市和建制镇 1 公顷，中等城市 2 公顷，大城市 3 公顷，200 万以上人口以上特大城市 5 公顷；

（4）住宅项目。宗地出让面积不得超过下列标准：小城市和建制镇 7 公顷，中等城市 14 公顷，大城市 20 公顷；

（5）下列项目禁止占用耕地，亦不得通过先行办理城市分批次农用地转用等形式变相占用耕地：机动车交易市场、家具城、建材城等大型商业设施项目；大型游乐设施、主题公园（影视城）、仿古城项目；大套型住宅项目（指单套住房建筑面积超过 144 平方米的住宅项目)；赛车场项目；公墓项目；机动车训练场项目；

（6）大学城项目。

（三）严格界定划拨和有偿供地方式

划拨用地制度是计划经济时期所形成的。随着经济体制改革的不断深化，划拨供地的范围在逐步缩小。除法律规定可以采用划拨方式提供用地外，其他建设需要使用国有土地的，必须依法实行有偿使用。现行《划拨用地目录》（国土资源部令第9号），是2001年按照《国务院关于加强国有土地资产管理的通知》（国发［2001］15号）的要求制定的。

2004年下发的《国务院关于深化改革严格土地管理的决定》（国发［2004］28号）明确提出，要“推进土地资源的市场化配置。严格控制划拨用地范围，经营性基础设施用地要逐步实行有偿使用。”《国土资源部　国家发展和改革委员会　财政部　住房和城乡建设部　农业部　中国人民银行　国家林业局　中国银行业监督管理委员会　关于扩大国有土地有偿使用范围的意见》（国土资规〔2016〕20号），提出，要“进一步深化国有土地使用和管理制度改革，扩大国有土地有偿使用范围。”为贯彻落实上述文件精神，自然资源部土地利用司制订的《国有建设用地划拨目录》（修订稿）已在征求意见，待出台之后按新目录执行。

（四）执行建设用地使用标准

《中华人民共和国土地管理法》第二十二条规定：城市建设用地规模应当符合国家规定的标准。目前建设用地审查中主要执行的土地使用标准是《土地使用标准汇编（上、下）》（2012年）和《工业项目建设用地控制指标》。

工业项目建设用地控制指标由投资强度、容积率、建筑系数、行政办公及生活服务设施用地构成（投资强度控制指标和容积率控制指标分别见附表1、2）。

工业项目建筑系数（建筑物占地面积+构筑物占地面积+堆场占地面积÷项目总用地面积×100%）≥30%；

工业项目行政办公、生活设施用地不得超过土地面积7%。

建设用地预审是对用地标准和总规模等方面提出要求，供地方案审查是对具体项目是否按建设用地指标的定额标准实施。

七、几个具体问题的处理

（一）国有建设用地招拍挂成交后不履行签订《国有建设用地使用权出让合同》义务及不缴纳土地出让金问题

1. 国有建设用地招拍挂成交后不履行签订《国有建设用地使用权出让合同》义务。

国土资源部2010年3月8日下发的《关于加强房地产用地供应和监管有关问题的通知》（国土资发〔2010〕34号）对签订土地出让合同的时间提出了明确要求：“土地出让成交后，必须在10个工作日内签订出让合同。受让人逾期不签订合同的，终止供地，不得退还定金”。

2. 超出《国有建设用地使用权出让合同》约定期限不缴纳土地出让金进而产生违约金

问题。

国土资源部2010年3月8日下发的《国土资源部关于加强房地产用地供应和监管有关问题的通知》（国土资发〔2010〕34号）对国有建设用地成交价款分期付款期限已有明确要求："合同签订后1个月内必须缴纳出让价款50%的首付款，余款要按合同约定及时缴纳，最迟付款时间不得超过一年。"同时，34号文对已签订合同但拒不缴纳出让价款的也有明确处置意见："已签合同不缴纳出让价款的，必须收回土地"。

签订《国有建设用地使用权出让合同》后，受让人应当按照合同约定按时支付国有建设用地使用权出让价款。按照《国有建设用地使用权出让合同》约定，受让人不能按时支付国有建设用地使用权出让价款的，自滞纳之日起，每日按迟延支付款项的1‰向出让人缴纳违约金，延期付款超过60日，经出让人催交后仍不能支付国有建设用地使用权出让价款的，出让人有权解除合同，受让人无权要求返还定金，出让人并可请求受让人赔偿损失。

（1）受让人因自身原因终止履行合同的。

受让人因自身原因终止项目投资建设并向出让人提出终止履行合同并请求退还土地的，出让人报经原批准土地出让方案的人民政府批准后，分别根据以下情况进行处置：

a. 受让人在合同约定的开工建设日期届满一年前不少于60日向出让人提出申请的，出让人在扣除定金后退还受让人已支付的国有建设用地使用权出让价款并收回土地使用权；

b. 受让人在合同约定的开工建设日期超过一年但未满两年，并在届满两年前不少于60日向出让人提出申请的，出让人应在扣除定金，并按照规定征收土地闲置费后，退还受让人已支付的剩余国有建设用地使用权出让价款并收回土地使用权；

c. 土地闲置满两年且未开工建设的，出让人有权无偿收回国有建设用地使用权。

（2）受让人因政府有关部门未按合同约定时间移交土地不缴纳土地出让金的。

受让人因政府有关部门未按合同约定时间移交土地拒不缴纳土地出让金的，应按以下处置意见办理并分别计算出让人及土地竞得人双方违约金额：

出让人因地上建筑物未拆除干净等原因而未按照合同约定时间交付已出让土地的，每延期一日，出让人应按受让人已经支付的国有建设用地使用权出让价款的1‰向受让人给付违约金。土地使用年期自实际交付土地之日起算。出让人延期交付土地超过60日，经受让人催交后仍不能交付土地的，受让人有权解除合同，出让人应当双倍返还定金，并退还已经支付国有建设用地使用权出让价款的其余部分。

对招拍挂成交后不履行签订《国有建设用地使用权出让合同》义务或是因竞得人自身原因超出《国有建设用地使用权出让合同》约定期限拒不缴纳土地出让金的土地竞得人，可由市、县政府将该竞得企业纳入黑名单限制其再次参加土地竞买。

（二）对批而未供土地的处置意见

1. 加快征收一批。对已取得征收和农转用批文但未完成征收的，要加快处理好土地征收过程中各类矛盾，依法支付征收补偿费用，完成土地征收工作。

2. 加快供应消化一批。加快征地拆迁、土地前期开发、供地方案审批等工作，为具体项目供地和建设创造条件。属地政府（管委会）应本着能供尽供的原则，按成街坊净用地地块推进，成熟一块供应一块。地块成熟，已具备供地条件的，要限期办理供地手续。对新的招商项目，要重点安排批而未供土地。

3. 完善用地手续消除一批。对于铁路、公路、机场等重大项目已用未供的，县（区）人民政府（管委会）应督促用地主体尽快办理供地手续，对于未缴清土地报批规税费的，县（区）人民政府（管委会）督促用地主体尽快缴清规税费，取得批文，及时办理供地手续。对经营性项目用地未供先用的，要严格依法查处到位后重新组织招拍挂出让。

4. 批文失效或批文撤回处置一批。按照《自然资源部关于健全建设用地“增存挂钩”机制的通知》（自然资规〔2018〕1号）规定，农用地转用或土地征收经依法批准后，两年内未用地或未实施征地补偿安置方案的，有关批准文件自动失效；对已实施征地补偿安置方案，因相关规划、政策调整、不具备供地条件的土地，经属地政府（管委会）组织核实现场地类与批准前一致的，在处理好有关征地补偿事宜后，由属地政府（管委会）逐级报原批准机关申请撤回用地批准文件。相应的土地利用计划、耕地占补平衡指标、相关税费等仍然有效，由属地政府（管委会）具体核算。批文失效、撤回的批而未供土地，不再纳入统计。

5. 系统指标核销备案一批。对于没有具体项目的城市公共道路、公共绿地、雨水污水排放管线、公共休憩广场等城市基础设施、公共设施用地和道路绿化带、安全间距等代征地以及不能利用的边角地，确属无法按宗地单独进行供地的，妥善处理好土地供应相关税费后，用地主体确定为县（区）人民政府（管委会）、或其指定的相关部门，完成《具体建设项目供地勘测定界技术报告书》后，由属地国土部门自行在系统进行核销。

6. 处理坐标漂移、行政区备案错误盘活一批。已批准备案的建设用地项目因土地勘测定界界址点成果坐标存在坐标系转换或坐标漂移的错误，以及部分线性工程用地批复行政区备案错误，导致这部分用地无法进行供地、无法下账的，属地政府应组织技术力量对此类建设用地项目进行全面梳理核实，找准存在的问题和原因，提出处理问题的意见和建议，逐级上报自然资源部核实批准和省政府同意，对已备案建设项目界址点成果坐标、行政区进行更新，确保这部分用地加快实施供地，提高供地率。

（三）闲置土地处置中存在的主要问题及处置

1. 什么是闲置土地。

2012 年，《闲置土地处置办法》（国土资源部令第 53 号）再次对闲置土地的认定进行了明确。闲置土地，是指国有建设用地使用权人超过国有建设用地使用权有偿使用合同或者划拨决定书约定、规定的动工开发日期满一年未动工开发的国有建设用地。已动工开发但开发建设用地面积占应动工开发建设用地总面积不足三分之一或者已投资额占总投资额不足25%、中止开发建设满一年的国有建设用地，也可认定为闲置土地。

2. 造成土地闲置的主要原因。

造成土地闲置的原因很多，有企业自身原因，也有政府及政府有关部门的原因，或两种原因兼而有之。只有分析掌握清楚造成土地闲置的原因，才能分门别类地加以处置。

（1）企业自身原因造成闲置。

一是土地竞得人在取得土地使用权后，超过合同约定开工时间进行开发建设，造成土地闲置；二是开发商开发地块过多、过散使投资分散或投入不足或是开发商资金链断裂，造成闲置；三是部分企业为等待开发时机，延缓建设形成闲置。一些开发企业虽然已缴土地出让金，获得了国有建设用地使用权，但因自身资金周转或经济实力发生变化，现已无力进行开发，寻求合作伙伴，造成开发时间延误，从而造成土地闲置；四是将土地抵押贷款，因无力还贷被法院查封或进入司法程序，导致土地闲置；五是与当地群众发生纠纷，无法开工建设，造成土地闲置等。

(2) 政府及政府有关部门原因造成闲置。

一是规划调整导致土地闲置。随着经济的发展和城镇建设的日新月异，城市建设规划需要与时俱进，不断调整，有的项目因规划区位不理想、招商引资等原因，政府对政策和规划进行调整变动，造成项目变动不能按时建设；二是因拆迁不到位影响项目开发。部分项目在拆迁过程中遇到补偿问题的阻碍，土地未能及时移交土地竞得人开发，从而造成土地闲置；三是机构改革中，有一些单位被撤消或重组，使原建设项目无法落实到位，造成土地闲置；四是由于土地使用权的取得和建设项目分属不同的主管部门，导致土地使用者取得了土地使用权后却迟迟无法取得开工手续，从而造成土地闲置等。

3. 国家对闲置土地处置的有关规定。

（1）企业自身原因造成的闲置土地处置规定。

《闲置土地处置办法》（国土资源部令第53号）明确规定：因企业自身原因，未动工开发满一年的，由市、县国土资源主管部门报经本级人民政府批准后，向国有建设用地使用权人下达《征缴土地闲置费决定书》，按照土地出让或者划拨价款的百分之二十征缴土地闲置费。未动工开发满两年的，由市、县国土资源主管部门按照《中华人民共和国土地管理法》第三十七条和《中华人民共和国城市房地产管理法》第二十六条的规定，报经有批准权的人民政府批准后，向国有建设用地使用权人下达《收回国有建设用地使用权决定书》，无偿收回国有建设用地使用权。

（2）政府及政府有关部门原因造成的闲置土地处置规定。

《闲置土地处置办法》（国土资源部令第53号）明确：政府及政府有关部门原因造成的闲置，可采取延长动工开发期限、调整土地用途、政府安排临时使用、协议有偿收回、置换、根据实际情况规定的其他处置方式。

《自然资源部办公厅关于政府原因闲置土地协议有偿收回相关政策的函》（自然资办函〔2018〕1903号）明确：对于因政府未按约定履行拆迁安置、前期开发、及时交地等义务而导致土地闲置的，政府应积极主动解决问题，与土地使用权人签订补充协议，重新约定“净地”交付期限，为项目动工创造必要条件；在约定的期限内仍未能达到“净地”标准，要明确造成闲置的政府及有关部门责任并依法处理后，方可采取协议有偿收回的方式处置。对于因政府修改规划或规划建设条件、军事管制、文物保护以及不可抗力等原因，造成土地确实无法按原规划建设条件动工建设的，在土地使用权人同意协商的情况下，可以采取协议有偿收回的方式处置。

（3）企业自身原因及政府原因兼而有之的闲置土地的处置。

两种原因兼而有之的闲置土地，原则上以造成土地闲置的主要原因拟定处置办法进行处置。对满 10 年以上未开发利用的土地，必须收回重新调整用途或出让。

4. 闲置土地处置中存在的主要问题。

（1）因政府原因造成闲置、处置意见为协议有偿收回土地使用权的土地无明确的政策补偿依据。收回补偿标准是按市场价评估补偿或是按土地取得价格和企业已投入的开发费用加银行同期利息补偿目前尚无明确的政策依据。

（2）已进入司法查封及司法诉讼程序的土地尚不能进行闲置土地处置。法院已查封或处于诉讼阶段的土地在司法查封及诉讼期间不能启动闲置土地处置程序。

（3）不能对债务保全用地进行处置。按照政府有关要求，各投融资公司为“债务保全”而取得的土地使用权，未经政府批准，不能对相关土地进行处置，也不能以各种形式对土地进行开发或合作开发。

（4）处置意见为延期开竣工的闲置土地，企业办理开竣工手续繁杂。开竣工手续需人防、环评、节水、防震等多个部门办理施工前置手续，企业操作起来难度较大。

（5）部分闲置土地的处置措施不符合国家政策。部分地块造成闲置的原因经属地政府调查认定为企业自身原因，但提出的处置意见却是：延长动工开发期限。把政府原因造成闲置土地的处置方式张冠李戴用在了处置企业原因造成的闲置土地处置上。

（6）闲置土地收回难度较大。闲置土地收回涉及补偿问题，涉及多方面的利益，相关部门处理措施力度相对不足，收回土地使用权遇到的压力和阻力比较大。

5. 解决闲置土地处置的对策及建议。

（1）对因政府原因造成闲置、处置意见为协议有偿收回土地使用权的土地。笔者认为协议有偿收回是行政行为，行政行为具有法定性、强制性、惩罚性特征，应恪守法定的程序与方式，应以政府为主导，通过下发有效的政府性文件，依法行使公权力，最终完成土地的收回。对因政府原因造成闲置、处置意见为协议有偿收回土地使用权的土地的补偿标准建议按原土地取得价格和企业已投入的开发费用加银行同期利息进行补偿。

（2）对涉及司法查封及司法诉讼的闲置土地，建议待法院解封或诉讼结束后再启动闲置土地处置程序。

（3）对债务保全用地的处置，对涉及抵押债务的，建议待抵押期满，企业还清债务后收回土地；对未涉及债务的地块，建议由土地储备机构收回土地纳入政府储备。

（4）对处置意见为延期开竣工的土地，建议由属地政府协调规划、住建、人防、环保、节水、地震等相关部门办理施工前置手续。

（5）对经属地政府调查认定为企业自身原因的部分闲置土地，处置意见应是：对未动工开发满一年的，由县、区政府报市政府批准后，向国有建设用地使用权人下达《征缴土地闲置费决定书》，按照土地出让或者划拨价款的百分之二十征缴土地闲置费；对未动工开发满两年的，由县、区政府报市政府批准后，向国有建设用地使用权人下达《收回国有建设用地使用权决定书》，无偿收回国有建设用地使用权。

（6）闲置土地处置中的土地收回需要政府的强力支持，收回处置及补偿依据需要从有关法律文件及条款上给予认定，这就需要政府牵头，法院、检察院、司法、税务、执法、规划、住建、国土等相关部门积极配合，合力做好闲置土地的收回工作。

（7）为从源头上防止新的闲置土地出现，建议储备机构和属地政府应严格执行“净地”出让政策。严格落实好“净地”出让政策是保证企业及时开工建设的首要保证。“净地”出让可以避免产权、安置补偿等经济纠纷，使开发企业能集中人力、财力和物力进行项目的开发建设。建议对未达到“净地”标准、未完成通水、通电、通路、土地平整等前期开发的土地，不得办理供地手续，防止新的闲置土地出现。

(8) 在土地招拍挂出让时，建议提高竞买保证金的缴纳比例，按照土地出让价款百分之三十至百分之五十的比例缴纳竞买保证金，加大开发商囤地成本，防止其圈地造成新的土地闲置。

(9) 对土地储备过量、开发能力不足的企业，建议报政府批准后列入禁止拿地的“黑名单”，限期进行清理并加快开发进度。

(四) 工业用地涉及用途变更以及由政府收回重新供应土地的处理

按照环境保护部、工业和信息化部、国土资源部、住房和城乡建设部《关于保障工业企业场地再开发利用环境安全的通知》（环发〔2012〕140号）关于“关停并转、破产或搬迁工业企业原场地采取出让方式重新供地的，应当在土地出让前完成场地环境调查和风险评估工作；并停并转、破产或搬迁工业企业原有场地被收回用地后，采取划拨方式重新供地的，应当在项目批准或核准前完成场地环境调查和风险评估工作。经场地环境调查和风险评估属于被污染场地的，应当明确治理修复责任主体并编制治理修复方案。未进行场地环境调查及风险评估的，未明确治理修复责任主体的，禁止进行土地流转”的规定，工业用地用途变更和由政府收回重新供应的，应取得环境保护部门出具的场地环境调查和风险评估认可意见，方可办理后续用地手续。

（五）清理完善用地的处置

1. 明确补缴范围。

在2004年治理整顿土地市场秩序完善用地手续工作中以出让方式取得土地使用权，经市、县清理整顿土地市场秩序领导小组全体会议审批，审验意见为“按现行城市规划限期建成”的经营性用地，或“纳入国有存量用地监管，可以办理后续手续”、但需进行新建改扩建的经营性用地。

2. 应补缴的土地出让价款。

应补缴的土地出让价款＝新规划条件下宗

地的市场评估价－原办理土地出让时进行备案的评估价格或依法转让时的土地转让价格。经批准的新规划用途与宗地证载用途不一致的，在测算补缴土地价款时一并办理用途变更手续。

3. 不需补缴土地使用权出让价款的情形。

在治理整顿土地市场秩序完善用地手续工作中审批用途为工业用地或公共设施用地，现行规划用途也是工业用地或公共设施用地的。

4. 应注意的几个问题。

（1）土地使用权人不愿意补缴的，可向土地储备机构申请收储。

（2）因道路、河道、公共绿地等原因占用土地，造成原土地面积减少的，按实测面积计算补缴土地出让价款。

（3）原签订《国有土地使用权出让合同》的国土部门核算应补缴的土地使用权出让价款金额，经同级政府审批后土地使用权人按核算金额足额缴入同级财政，国土部门与受让人重新签订《国有建设用地使用权出让合同》。土地出让年限以重新签订的合同时间作为土地出让起始年期，按照批准用途法定最高出让年限予以确定土地出让年限。

（4）所有补缴土地出让价款必须由土地开发商承担，不得将补缴价款转移给已签定购房合同的住户。一旦发现有转移行为，住建部门将按国家有关规定严惩，在相关媒体上进行公示，并列入房地产开发诚信黑名单。

（5）凡未按照本办法规定补缴土地出让金，重新签订《国有建设用地使用权出让合同》的宗地，城市规划部门不得办理《建设工程规划许可证》，建设部门不得办理《建设施工许可证》，房产管理部门不得办理《预售房许可证》和进行房产登记，国土部门不得办理土地转让手续。

（六）债务保全用地的处置

1. 什么是债务保全用地？

债务保全用地是指按国家审计署对地方政府债务审计的要求，将土地收益权质押、储备证抵押的政府性债务以土地使用权证注入投资公司，转化为公司债务的项目用地。

2. 债务保全用地的处置。

未经政府批准，不能对土地进行处置，也不能以各种形式对土地进行开发或合作开发。

经政府批准，可由土地储备机构对债务保全用地进行收储，按城市规划部门确定的用地性质供地。经营性用地应按招拍挂方式供地。

（七）作价出资（入股）和授权经营土地的区别

1. 作价出资（入股）。

国家以土地使用权作价出资（入股），是指国家以一定期限的国有土地使用权作价，作为出资投入改组后的新设企业，该土地使用权由新设企业自己持有，可以依照土地管理法律、法规关于出让土地使用权的规定转让、出租、抵押。土地使用权作价出资（入股）形成的国家股股权，按照国有资产投资主体由有批准权的人民政府土地行政主管部门委托有资格的国有股权持股单位统一持有。

以作价出资（入股）方式处置的，土地使

用权在使用年期内可依法转让、作价出资、租赁或抵押，改变用途的应补缴不同用途的土地出让金差价。

2. 授权经营。

授权经营是指国家根据需要，可以一定年期的国有土地使用权作价后授权给经国务院批准设立的国家控股公司、作为国家授权投资机构的国有独资公司和集团公司经营管理。被授权的国家控股公司、作为国家授权投资机构的国有独资公司和集团公司凭授权书，可以向其直属企业、控股企业、参股企业以作价出资（入股）或租赁等方式配置土地，企业应持土地使用权经营管理授权书和有关文件，按规定办理变更土地登记手续。

以授权经营方式处置的，土地使用权在使用年期内可依法作价出资（入股）、租赁，或在集团公司直属企业、控股企业、参股企业之间转让，但改变用途或向集团公司以外的单位或个人转让时，应报经土地行政主管部门批准，并补缴土地出让金。

八、土地利用行政审批实践参考

（一）国有建设用地使用权划拨

1. 项目单位用地申请；申报单位法定代表人身份证明及授权委托书，法定代表人及委托代理人身份证；营业执照副本和组织机构代码证；

2. 县（市）区政府向市政府申请划拨供地的供地方案、请示及政府对供地方案的审查意见（属储备用地由储备提供相关资料，各县（区）用地由属地人民政府提供）；

3. 土地来源文件：省、市农用地征转用批准文件或存量土地提供国有土地使用权收回注销文件；

4. 建设项目可研批复、立项批复或初步设计方案批复文件；

5. 建设用地规划许可证、规划条件及附图；

6. 相关规费交清的说明（含明细）及缴费凭据；

7. 净地承诺文件；

8. 具体建设项目用地勘测定界技术报告书和勘测定界图、宗地图、测绘成果表（①宗地图1∶500或1∶1000原件2份，②A3或A4图原件6份，③测绘成果表原件2份，含测绘成果函原件）。

9. 经属地国土资源管理部门审核签章的权籍调查表；

10. 其他需要提交的有关资料。

（二）国有建设用地使用权招拍挂出让

1. 交易委托书及市政府批准的储备方案（若涉及工业用地报件须由工信部门提供宗地投资强度、产业类型以及是否进入工业园区的说明，如项目未进工业园区需在报件前向市政府进行专题请示；面积超过100亩的由属地政府提供节约集约用地评价）；

2. 土地来源文件：省、市农用地征转用批准文件。存量土地提供国有土地使用权收回注销文件或收购合同；

3. 建设项目规划条件及附图；

4. 成本认定文件；成本全覆盖说明；相关

规费交清的说明及缴费凭据；

5. 经属地国土资源管理部门审核签章的权籍调查表；具体建设项目用地勘测定界技术报告书和勘测定界图、宗地图、测绘成果表（①宗地图 1∶500 或1∶1000 原件 2 份，②A3 或 A4 图原件 6 份，③测绘成果表原件 2 份，含测绘成果函原件）；

6. 净地承诺文件；

7. 土地估价报告；

8. 城市更新改造项目须补充提供以下资料：1. 城改办对城市更新改造项目认定文件或发改部门立项文件；2. 属地政府对该出让地块属于城市更新改造项目范围内的认定文件；3. 属地政府出具的成本认定文件（包括：①土地总成本②纳入土地组价的成本及明细③项目成本及明细）；4. 区审计局对审计报告的审核意见及市审计局备案文件；5. 属地政府对城市更新改造项目分期改造的说明；6. 属地政府对回迁安置情况的说明（①货币补偿情况②实物安置情况③回迁安置房的规划建设审批情况④回

迁安置房规划地块说明)；7. 土地交易条件情况的说明（①明确项目建设内容②建设标准③建设周期④项目投资规模⑤项目验收主体⑥项目接收主体等内容)；8. 县、市（区）及开发区政府盖章（签字）的《回迁安置配建设施建设协议》文本，做为公开出让的必备资料；9. 其他关于该城市更新改造项目的文件资料(若属于保障房项目的需提供立项批复及保障房计划指标下达文件)。

（三）国有建设用地使用权租赁出让

1. 交易委托书及市政府批准的储备方案(若涉及工业用地报件须由工信部门提供宗地投资强度、产业类型以及是否进入工业园区的说明，如项目未进工业园区需在报件前向市政府进行专题请示；面积超过100亩的由属地政府提供节约集约用地评价)；

2. 土地来源文件：省、市农用地征转用批准文件。存量土地提供国有土地使用权收回注销文件或收购合同；

3. 建设项目规划条件及附图；

4. 成本认定文件；成本全覆盖说明；相关规费交清的说明及缴费凭据；

5. 经属地国土资源管理部门审核签章的权籍调查表；

6. 净地承诺文件；

7. 具体建设项目用地勘测定界技术报告书和勘测定界图、宗地图、测绘成果表（①宗地图1∶500或1∶1000原件2份，②A3或A4图原件6份，③测绘成果表原件2份，含测绘成果函原件）；

8. 土地估价报告。

（四）国有建设用地使用权协议出让

1. 项目单位用地申请及申报单位法定代表人身份证明及授权委托书，法定代表人及委托代理人身份证，营业执照副本和组织机构代码证；

2. 县（市）区政府（管委会）向市政府申请协议出让土地的请示及政府对出让方案的审查意见（含政府对协议出让底价及土地成本的认定文件、出让价款覆盖全成本的说明、相关规费交清说明及缴费凭据；净地说明文件）；

3. 土地来源文件：省、市农用地征转用批准文件。存量土地提供国有土地使用权收回注销文件；

4. 建设项目可研批复、立项批复或初步设计方案批复文件；

5. 建设用地规划许可证、建设项目规划条件及附图；

6. 协议出让前用地公示材料及属地政府对公示结果认定的文件；

7. 具体建设项目用地勘测定界技术报告书、宗地图、测绘成果表（①宗地图 1∶500 或 1∶1000 原件 2 份，②A3 或 A4 图原件 6 份，③测绘成果表原件 2 份，含测绘成果函原件）；

8. 经属地国土资源管理部门审核签章的权籍调查表及指界资料；

9. 土地估价报告；

10. 净地承诺文件；

11. 相关规费交清的说明（含明细）及缴费凭据。

注：如属主城区储备土地则由储备部门提供经市政府批准的土地储备供应方案。属于保障房项目的需提供立项批复及保障房计划指标下达文件。

（五）国有建设用地划拨土地使用权补办出让

1. 用地单位申请及申报单位法定代表人身份证明及授权委托书，法定代表人及委托代理人身份证；营业执照副本和组织机构代码证；

2. 国有土地使用证（原件）；

3. 规划部门意见或规划条件；

4. 经属地国土资源管理部门审核签章的权籍调查表及指界资料、宗地图、测绘成果表（①宗地图1∶500或1∶1000原件2份，②A3或A4图原件6份，③测绘成果表原件2份，含测绘成果函原件）；

5. 土地估价报告；

6. 涉及城市更新改造项目的需提供城改办意见。

注：属国有企业改制的，应提交改制批准文件、企业改制方案、土地估价报告备案表；属于省属企业改制的，提交省国土资源厅对改制企业土地资产处置

方案的批复文件；涉及国有及国家参股、控股企业申请办理应提交国有资产管理部门或上级主管部门出具的意见；属于司法裁定的需提供法院司法裁定书、协助执行函等相关文件；其他需要提交的有关资料。

（六）国有土地使用权转让

1. 土地使用权转让申请（转、受双方）及转、受让双方法定代表人身份证明及授权委托书，法定代表人及委托代理人身份证，加盖本单位公章并签注盖章日期的转、受让双方营业执照副本和组织机构代码证；

2. 原国有土地使用证（原件）及原土地权人持有的土地出让合同；

3. 转、受让双方签订的土地使用权转让合同，属司法裁定的，需提供法院司法裁定书及相关文件；

4. 宗地开发投资情况证明资料（①在建项目由属地政府或住建部门提供投资强度的证明②已建成项目提供房产证或房屋已建成的相关证明）；

5. 国土分局初审意见及执法踏勘报告；

6. 经属地国土资源管理部门审核签章的权

籍调查表及指界资料、宗地图、测绘成果表(宗地图 1∶500 或 1∶1000 原件 2 份，A3 或 A4 图原件 6 份，测绘成果表原件 2 份，含测绘成果函原件)；

7. 土地估价报告；

8. 涉及农村集体经济组织转让需提供该集体经济组织三分之二以上成员同意转让土地使用权的说明及证明材料；涉及国有及国家参股、控股企业申请办理应提交国有资产管理部门或上级主管部门出具的意见；涉及共有土地使用权转让的，须提交全体共有人同意的书面证明。

（七）已出让土地规划条件调整

1. 项目单位用地申请及申报单位法定代表人身份证明及授权委托书，法定代表人及委托代理人身份证，营业执照副本和组织机构代码证；

2. 土地使用证（原件）；

3. 受让人持有的原土地出让合同（复印件）；

4. 市政府批准土地变更用途或调整容积率的文件及变更前、后规划条件及附图；

5. 用地单位对出让金缴纳期限、用地年限的申请；

6. 经属地国土资源管理部门审核签章的权籍调查表及指界资料；

7. 宗地图、测绘成果表（①宗地图 1∶500 或1∶1000 原件 2 份，②A3 或 A4 图原件 6 份，③测绘成果表原件 2 份，含测绘成果函原件）；

8. 土地估价报告。

第四章　不动产登记

一、什么是不动产登记

不动产登记是《中华人民共和国物权法》确立的一项物权制度，是指经权利人或利害关系人申请，由国家专职部门将有关不动产物权及其变动事项记载于不动产登记簿的事实。作为物权公示手段，不动产登记本质上为产生司法效果的事实行为而非登记机关的行政管理行为。

二、不动产登记主要业务服务实践参考

（一）国有建设用地使用权首次登记

适用

依法取得国有建设用地使用权，可以单独申请国有建设用地使用权首次登记。

申请主体

国有建设用地使用权首次登记的申请主体应当为土地权属来源材料上记载的国有建设用地使用权人。

申请材料

1. 不动产登记申请书（原件1份）。

2. 申请人身份证明（复印件1份）。

3. 土地权属来源材料，包括：

（1）以出让方式取得的，应当提交县级以上人民政府批准文件、出让合同（原件1份）和缴清土地出让价款凭证（原件1份）；

（2）以划拨方式取得的，应当提交县级以上人民政府的批准用地文件和国有建设用地使用权划拨决定书（原件1份）；

（3）以租赁方式取得的，应当提交土地租赁合同（原件1份）和土地租金缴纳凭证（原件1份）；

（4）以作价出资或者入股方式取得的，应当提交作价出资或者入股批准文件（原件1份）；

（5）以授权经营方式取得的，应当提交土地资产授权经营批准文件（原件1份）。

4. 不动产权籍调查表、宗地图、宗地界址点坐标等经昆明市不动产权籍调查中心审核通过的不动产权籍调查成果资料（原件1份）。

5. 依法应当纳税的，应提交完税凭证（原件1份）。

办理流程：申请—受理—审核—登簿—发证。

办理时限：材料齐全，自受理之日起5个工作日办结（特殊事项除外）。

收费标准：按照国家发改委、财政部（发改价格规〔2016〕2559号）文件规定执行。

（二）国有建设用地使用权变更登记

适用

已经登记的国有建设用地使用权，因权利人姓名或者名称、身份证明类型或者身份证明号码发生变化的；土地坐落、界址、用途、面积等状况发生变化的；国有建设用地使用权的权利期限发生变化的；同一权利人分割或者合并国有建设用地的；共有性质变更的；法律、行政法规规定的其他情形，当事人可以申请变更登记。

申请主体

国有建设用地使用权变更登记的申请主体应当为不动产登记簿记载的权利人。共有的国有建设用地使用权，因共有人的姓名、名称发生变化的，可以由发生变化的权利人申请；因土地面积、用途等自然状况发生变化的，可以由共有人一人或多人申请。

申请材料

1. 不动产登记申请书（原件 1 份）。

2. 申请人身份证明（复印件 1 份）。

3. 不动产权属证书（原件 1 份）。

4. 国有建设用地使用权变更材料，包括：

（1）权利人姓名或者名称、身份证明类型或者身份证明号码发生变化的，企业提交工商部门出具的变更登记情况表（原件 1 份）；行政事业单位提交主管部门的更名文件（原件 1 份）；个人提交已更名的户口簿（复印件 1 份）；

（2）土地面积、界址范围变更的，除应提交变更后的经市不动产权籍调查中心审核通过的不动产权籍调查表、宗地图、宗地界址点坐标等不动产权籍调查成果外，还应提交：①以出让方式取得的，提交出让补充合同（原件1份）；②因自然灾害导致部分土地灭失的，提交证实土地灭失的材料（原件1份）；

（3）土地用途变更的，提交规划部门意见、国土资源主管部门出具的批准文件和土地出让合同补充协议（原件1份）。依法需要补交土地出让价款的，还应当提交缴清土地出让价款的凭证（原件1份）；

（4）国有建设用地使用权的权利期限发生变化的，国土资源主管部门出具的批准文件、出让合同补充协议（原件1份）。依法需要补交土地出让价款的，还应当提交缴清土地出让价款的凭证（原件1份）；

（5）同一权利人分割或者合并国有建设用地的，提交国土资源主管部门同意分割或合并的批准文件（原件1份）以及变更后的经市不动产权籍调查中心审核通过不动产权籍调查表、宗地图以及宗地界址点坐标等不动产权籍调查成果（原件1份）；

（6）共有人共有性质变更的，提交共有性质变更合同书或生效法律文书（原件1份）。夫妻共有财产共有性质变更的，还应提交婚姻关系证明（复印1份）。

5. 依法应当纳税的，应提交完税凭证（原件1份）。

办理流程：申请—受理—审核—登簿—发证。

办理时限：材料齐全，自受理之日起5个工作日办结（特殊事项除外）。

收费标准：按照国家发改委 财政部（发改价格规〔2016〕2559号）文件规定执行。

（三）国有建设用地使用权转移登记

适用

已经登记的国有建设用地使用权，因转让、互换或赠与的；继承或受遗赠的；作价出资（入股）的；法人或其他组织合并、分立导致权属发生转移的；共有人增加或者减少导致共有份额变化的；分割、合并导致权属发生转移的；因人民法院、仲裁委员会的生效法律文书等导致权属发生变化的；法律、行政法规规定的其他情形，当事人可以申请转移登记。

申请主体

国有建设用地使用权转移登记应当由双方共同申请，转让方应当为不动产登记簿记载的权利人。

申请材料

1. 不动产登记申请书（原件1份）。

2. 申请人身份证明（复印件1份）。

3. 不动产权属证书（原件1份）。

4. 国有建设用地使用权转移的材料，包括：

（1）买卖的，提交买卖合同（原件1份）；互换的，提交互换合同（原件1份）；赠与的，提交赠与合同（原件1份）；

（2）因继承、受遗赠取得的，申请人提交经公证的材料或者生效的法律文书的（原件1

份），按《条例》《实施细则》的相关规定办理登记。申请人不提交经公证的材料或者生效的法律文书，按照《不动产登记操作规范》程序办理；

（3）作价出资（入股）的，提交作价出资（入股）协议（原件1份）；

（4）法人或其他组织合并、分立导致权属发生转移的，提交法人或其他组织合并、分立的材料以及不动产权属转移的材料（原件1份）；

（5）共有人增加或者减少的，提交共有人增加或者减少的协议（原件1份）；共有份额变化的，提交份额转移协议（原件1份）；

（6）分割、合并导致权属发生转移的，提交分割或合并协议书（原件1份），或者记载有关分割或合并内容的生效法律文书。实体分割或合并的，还应提交国土资源主管部门同意实体分割或合并的批准文件（原件1份）以及分割或合并后经昆明市不动产权籍调查中心审核通过的不动产权籍调查表、宗地图、宗地界址点坐标等不动产权籍调查成果（原件1份）；

(7）因人民法院、仲裁委员会的生效法律文书等导致权属发生变化的，提交人民法院、仲裁委员会的生效法律文书（原件1份）。

5. 申请划拨取得国有建设用地使用权转移登记的，应当提交有批准权的人民政府的批准文件（原件1份）。

6. 依法需要补交土地出让价款、缴纳税费的，应当提交缴清土地出让价款凭证、税费缴纳凭证（原件1份）。

办理流程：申请—受理—审核—登簿—发证。

办理时限：材料齐全，自受理之日起5个工作日办结（特殊事项除外）。

收费标准：按照国家发改委、财政部（发改价格规〔2016〕2559号）文件规定执行。

（四）国有建设用地使用权注销登记

适用

已经登记的国有建设用地使用权，因土地灭失的；权利人放弃国有建设用地使用权的；

依法没收、收回国有建设用地使用权的；因人民法院、仲裁委员会的生效法律文书致使国有建设用地使用权消灭的；法律、行政法规规定的其他情形，当事人可以申请办理注销登记。

申请主体

国有建设用地使用权注销登记的申请主体应当是不动产登记簿记载的权利人。

申请材料

1. 不动产登记申请书（原件1份）。

2. 申请人身份证明（复印件1份）。

3. 不动产权属证书（原件1份）。

4. 国有建设用地使用权消灭的材料，包括：

（1）国有建设用地灭失的，提交其灭失的材料（原件1份）；

（2）权利人放弃国有建设用地使用权的，提交权利人放弃国有建设用地使用权的书面文件（原件1份）。被放弃的国有建设用地上设有抵押权、地役权或已经办理预告登记、查封登记的，需提交抵押权人、地役权人、预告登记权利人或查封机关同意注销的书面文件（原件1份）；

（3）依法没收、收回国有建设用地使用权的，提交人民政府的生效决定书（原件1份）；

（4）被征收、征用的，提交有效的征收、征用公告、补偿协议，补偿情况（原件1份）；

（5）因人民法院或者仲裁委员会生效法律文书导致权利消灭的，提交人民法院或者仲裁委员会生效法律文书（原件1份）。

办理流程：申请—受理—实地查看（不动产灭失的）—审核—登簿。

办理时限：材料齐全，自受理之日起3个工作日办结（特殊事项除外）。

收费标准：按照国家发改委、财政部（发改价格规〔2016〕2559号）文件规定执行。

（五）国有建设用地使用权及房屋所有权首次登记

适用

依法利用国有建设用地建造房屋的，可以申请国有建设用地使用权及房屋所有权首次登记。

申请主体

国有建设用地使用权及房屋所有权首次登记的申请主体应当为不动产登记簿或土地权属来源材料记载的国有建设用地使用权人。

申请材料

1. 不动产登记申请书（原件1份）。

2. 申请人身份证明（复印件1份）。

3. 不动产权属证书或者土地权属来源材料（原件1份）。

4. 建设项目立项批准文件（原件1份）、建设工程规划许可证（原件1份）、施工许可证（原件1份）、用地许可证（原件1份）。

5. 建设工程竣工验收文件（竣工验收备案表）（原件1份）、规划验收核查意见（原件1份）。

6. 报规划的1∶500房屋位置平面图及1∶100或1∶200房屋分层平面图（原件1份）；批后竣工测量成果报告（房屋竣工规划核查意见时出具的测绘报告）（原件1份）；经昆明市

不动产权籍调查中心审核通过的权籍调查资料（原件1份）；申请登记房屋明细表（原件1份）；商品房提交预售许可证、资质证明（复印件1份）。

7. 建筑物区分所有的，确认建筑区划内属于业主共有的道路、绿地、其他公共场所、公用设施和物业服务用房等材料（原件1份）。

8. 相关税费缴纳凭证（原件1份）。

办理流程：申请—受理—实地查看—审核—登簿—发证。

办理时限：材料齐全，自受理之日起5个工作日办结（特殊事项除外）。

收费标准：按照国家发改委、财政部（发改价格规〔2016〕2559号）文件规定执行。

（六）国有建设用地使用权及房屋所有权变更登记

适用

已经登记的国有建设用地使用权及房屋所有权，因权利人姓名或者名称、身份证明类型或者身份证明号码发生变化的；不动产坐落、界址、用途、面积等状况发生变化的；国有建设用地使用权的权利期限发生变化的；同一权利人名下的不动产分割或者合并的；法律、行政法规规定的其他情形，当事人可以申请变更登记。

申请主体

国有建设用地使用权及房屋所有权变更登记的申请主体应当为不动产登记簿记载的权利人。因共有人的姓名、名称发生变化的，可以由发生变更的权利人申请；面积、用途等自然状况发生变化的，可以由共有人一人或多人申请。

申请材料

1. 不动产登记申请书（原件1份）。

2. 申请人身份证明（复印件1份）。

3. 不动产权属证书（原件1份）。

4. 国有建设用地使用权及房屋所有权变更的材料，包括：

（1）权利人姓名或者名称、身份证明类型或者身份证明号码发生变化的，企业提交工商部门出具的变更登记情况表（原件1份）；行政事业单位提交主管部门的更名文件（原件1份）；个人提交已更名的户口簿（复印件1份）；

（2）房屋面积、界址范围发生变化的，除应提交变更后经昆明市不动产权籍调查中心审核通过的不动产权籍调查表、宗地图、宗地界址点坐标等不动产权籍调查成果（原件1份）外，还需提交：①属部分土地收回引起房屋面积、界址变更的，提交人民政府收回决定书（原件1份）；②改建、扩建引起房屋面积、界址变更的，提交规划验收文件和房屋竣工验收文件（原件1份）；③因自然灾害导致部分房屋灭失的，提交部分房屋灭失的材料（原件1份）；④其他面积、界址变更情形的，提交有权机关出具的批准文件（原件1份）。依法需要补交土地出让价款的，还应当提交土地出让合同补充协议和土地价款缴纳凭证（原件1份）；

（3）用途发生变化的，提交城市规划部门

出具的批准文件（原件1份）、与国土资源主管部门签订的土地出让合同补充协议（原件1份）。依法需要补交土地出让价款的，还应当提交土地价款以及相关税费缴纳凭证（原件1份）；

（4）国有建设用地使用权的权利期限发生变化的，提交国土资源主管部门出具的批准文件和出让合同补充协议（原件1份）。依法需要补交土地出让价款的，还应当提交土地价款缴纳凭证（原件1份）；

（5）同一权利人分割或者合并不动产的，应当按有关规定提交相关部门同意分割或合并的批准文件（原件1份）；

（6）共有性质变更的，提交共有性质变更协议书或生效法律文书（原件1份）。

办理流程：申请—受理—审核—登簿—发证。

办理时限：材料齐全，自受理之日起5个工作日办结（特殊事项除外）。

收费标准：按照国家发改委、财政部（发

改价格规〔2016〕2559号）文件规定执行。

（七）国有建设用地使用权及房屋所有权转移登记

适用

已经登记的国有建设用地使用权及房屋所有权，因买卖、互换、赠与的；继承或受遗赠的；作价出资（入股）的；法人或其他组织合并、分立等导致权属发生转移的；共有人增加或者减少以及共有份额变化的；分割、合并导致权属发生转移的；因人民法院、仲裁委员会的生效法律文书等导致国有建设用地使用权及房屋所有权发生转移的；法律、行政法规规定的其他情形，当事人可以申请转移登记。国有建设用地使用权转移的，其范围内的房屋所有权一并转移；房屋所有权转移，其范围内的国有建设用地使用权一并转移。

申请主体

国有建设用地使用权及房屋所有权转移登记应当由当事人双方共同申请。属继承、受遗赠的；因人民法院、仲裁委员会的生效法律文

书导致国有建设用地使用权及房屋所有权转移登记发生转移的可以由单方申请。

申请材料

1. 不动产登记申请书（原件1份）。

2. 申请人身份证明（复印件1份）。

3. 不动产权属证书（原件1份）。

4. 国有建设用地使用权及房屋所有权转移的材料，包括：

（1）买卖的，提交买卖合同（原件1份）；互换的，提交互换协议（原件1份）；赠与的，提交赠与合同（原件1份）；

（2）因继承、受遗赠取得的，申请人提交经公证的材料或者生效的法律文书（原件1份）的，按《条例》《实施细则》的相关规定办理登记。申请人不提交经公证的材料或者生效的法律文书，按照《不动产登记操作规范》程序办理；

（3）作价出资（入股）的，提交作价出资（入股）协议（原件1份）；

（4）法人或其他组织合并、分立导致权属

发生转移的，提交法人或其他组织合并、分立的材料以及不动产权属转移的材料（原件1份）；

（5）共有人增加或者减少的，提交共有人增加或者减少的协议（原件1份）；共有份额变化的，提交份额转移协议（原件1份）；

（6）不动产分割、合并导致权属发生转移的，提交分割或合并协议书（原件1份），或者记载有关分割或合并内容的生效法律文书（原件1份）。实体分割或合并的，还应提交有权部门同意实体分割或合并的批准文件（原件1份）以及分割或合并后经昆明市不动产权籍调查中心审核通过的不动产权籍调查表、宗地图、宗地界址点坐标等不动产权籍调查成果；

（7）因人民法院、仲裁委员会的生效法律文书等导致权属发生变化的，提交人民法院、仲裁委员会的生效法律文书等材料（原件1份）；无法收回原证书的，在登记完成后对原证书进行公告作废。

5. 已经办理预告登记的，提交不动产登记

证明（原件 1 份）。

6. 划拨国有建设用地使用权及房屋所有权转移的，还应当提交有批准权的人民政府的批准文件（原件 1 份）。

7. 依法需要补交土地出让价款、缴纳税费的，应当提交土地出让价款缴纳凭证（原件 1 份）、税费缴纳凭证（原件 1 份）。

办理流程：申请—受理—审核—登簿—发证。

办理时限：材料齐全，自受理之日起 5 个工作日办结（特殊事项除外）。

收费标准：按照国家发改委、财政部（发改价格规〔2016〕2559 号）文件规定执行。

（八）国有建设用地使用权及房屋所有权注销登记

适用

已经登记的国有建设用地使用权及房屋所有权，因不动产灭失的；权利人放弃权利的；因依法被没收、征收、收回导致不动产权利消灭的；因人民法院、仲裁委员会的生效法律文书致使国有建设用地使用权及房屋所有权消灭的；法律、行政法规规定的其他情形，当事人可以申请办理注销登记。

申请主体

申请国有建设用地使用权及房屋所有权注销登记的主体应当是不动产登记簿记载的权利人或者其他依法享有不动产权利的权利人。

申请材料

1. 不动产登记申请书（原件1份）。

2. 申请人身份证明（复印件1份）。

3. 不动产权属证书（原件1份）。

4. 国有建设用地使用权及房屋所有权消灭的材料，包括：

(1) 不动产灭失的，提交其灭失的材料（原件1份）；

(2) 权利人放弃国有建设用地使用权及房屋所有权的，提交权利人放弃权利的书面文件（原件1份）。设有抵押权、地役权或已经办理预告登记、查封登记的，需提交抵押权人、地役权人、预告登记权利人、查封机关同意注销的书面材料（原件1份）；

(3) 依法没收、征收、收回不动产的，提交人民政府生效决定书（原件1份）；

(4) 因人民法院或者仲裁委员会生效法律文书导致国有建设用地使用权及房屋所有权消灭的，提交人民法院或者仲裁委员会生效法律文书（原件1份）。

办理流程：申请—受理—实地查看（不动产灭失）—审核—登簿。

办理时限：材料齐全，自受理之日起3个工作日办结（特殊事项除外）。

收费标准：按照国家发改委、财政部（发改价格规〔2016〕2559号）文件规定执行。

（九）抵押权首次登记

适用

在借贷、买卖等民事活动中，自然人、法人或其他组织为保障其债权实现，依法设立不动产抵押权的，可以由抵押人和抵押权人共同申请办理不动产抵押登记。以建设用地使用权、海域使用权抵押的，该土地、海域上的建筑物、构筑物一并抵押；以建筑物、构筑物抵押的，该建筑物、构筑物占用范围内的建设用地使用权、海域使用权一并抵押。

1. 为担保债务的履行，债务人或者第三人不转移不动产的占有，将该不动产抵押给债权人的，当事人可以申请一般抵押权首次登记。

2. 为担保债务的履行，债务人或者第三人对一定期间内将要连续发生的债权提供担保不动产的，当事人可以申请最高额抵押权首次登记。

3. 以正在建造的建筑物设定抵押的，当事人可以申请建设用地使用权及在建建筑物抵押权首次登记。

申请主体

抵押权首次登记应当由抵押人和抵押权人共同申请。

申请材料

1. 不动产登记申请书（原件1份）。

2. 申请人身份证明（复印件1份）。

3. 不动产权属证书（原件1份）。

4. 主债权合同。最高额抵押的，应当提交一定期间内将要连续发生债权的合同或者其他登记原因文件等必要材料（原件 1 份）。

5. 抵押合同。主债权合同中包含抵押条款的，可以不提交单独的抵押合同书。最高额抵押的，应当提交最高额抵押合同（原件 1 份）。

6. 下列情形还应当提交以下材料：

（1）同意将最高额抵押权设立前已经存在的债权转入最高额抵押担保的债权范围的，应当提交已存在债权的合同以及当事人同意将该债权纳入最高额抵押权担保范围的书面材料（原件 1 份）；

（2）在建建筑物抵押的，应当提交建设工程规划许可证（原件 1 份）。

办理流程：申请—受理—实地查看（在建建筑物抵押）—审核—登簿—发证。

办理时限：材料齐全，自受理之日起 5 个工作日办结（特殊事项除外）。

收费标准：按照国家发改委、财政部（发改价格规〔2016〕2559 号）文件规定执行。

（十）抵押权变更登记

适用

已经登记的抵押权，因权利人姓名或者名称、身份证明类型或者身份证明号码发生变化的；担保范围发生变化的；抵押权顺位发生变更的；被担保的主债权种类或者数额发生变化的；债务履行期限发生变化的；最高债权额发生变化的；最高额抵押权债权确定的期间发生变化的；法律、行政法规规定的其他情形，当事人可以申请抵押权变更登记。

申请主体

申请抵押权变更登记，应当由抵押人和抵押权人共同申请。因抵押人或抵押权人姓名、名称发生变化的，可由发生变化的当事人单方申请；不动产坐落、名称发生变化的，可由抵押人单方申请。

申请材料

1. 不动产登记申请书（原件1份）。

2. 申请人身份证明（复印件1份）。

3. 不动产权证书和不动产登记证明（原

件1份）。

4. 抵押权变更的材料，包括：

（1）抵押权人或者抵押人姓名、名称变更的，企业提交工商部门出具的变更登记情况表（原件1份）；个人提交已更名的户口簿（复印件1份）。

（2）担保范围、抵押权顺位、被担保债权种类或者数额、债务履行期限、最高债权额、债权确定期间等发生变更的，提交抵押人与抵押权人约定相关变更内容的协议（原件1份）。

5. 因抵押权顺位、被担保债权数额、最高债权额、担保范围、债务履行期限发生变更等，对其他抵押权人产生不利影响的，还应当提交其他抵押权人的书面同意文件和身份证明文件（原件1份）。

办理流程：申请—受理—审核—登簿—发证。

办理时限：材料齐全，自受理之日起5个工作日办结（特殊事项除外）。

收费标准：按照国家发改委、财政部（发

改价格规〔2016〕2559号）文件规定执行。

（十一）抵押权转移登记

适用

因主债权转让导致抵押权转让的，当事人可以申请抵押权转移登记。

最高额抵押权担保的债权确定前，债权人转让部分债权的，除当事人另有约定外，不得办理最高额抵押权转移登记。债权人转让部分债权，当事人约定最高额抵押权随同部分债权的转让而转移的，应当分别申请：当事人约定原抵押权人与受让人共同享有最高额抵押权的，应当申请最高额抵押权转移登记和最高额抵押权变更登记；当事人约定受让人享有一般抵押权、原抵押权人就扣减已转移的债权数额后继续享有最高额抵押权的，应当一并申请一般抵押权转移登记和最高额抵押权变更登记；当事人约定原抵押权人不再享有最高额抵押权的，应当一并申请最高额抵押权确定登记和一般抵押权转移登记。

申请主体

抵押权转移登记应当由不动产登记簿记载

的抵押权人和债权受让人共同申请。

申请材料

1. 不动产登记申请书（原件 1 份）。

2. 申请人身份证明（复印件 1 份）。

3. 不动产权证书和不动产登记证明（原件 1 份）。

4. 抵押权转移的材料，包括：

（1）申请一般抵押权转移登记的，还应当提交被担保主债权的转让协议（原件 1 份）；

（2）申请最高额抵押权转移登记的，还应当提交部分债权转移的材料、当事人约定最高额抵押权随同部分债权的转让而转移的材料（原件 1 份）；

（3）债权人已经通知债务人的材料（原件 1 份）。

办理流程：申请—受理—审核—登簿—发证。

办理时限：材料齐全，自受理之日起 5 个工作日办结（特殊事项除外）。

收费标准：按照国家发改委、财政部（发

改价格规〔2016〕2559号）文件规定执行。

（十二）抵押权注销登记

适用

已经登记的抵押权，因主债权消灭的；抵押权已经实现的；抵押权人放弃抵押权的；因人民法院、仲裁委员会的生效法律文书致使抵押权消灭的；法律、行政法规规定抵押权消灭的其他情形，当事人可以申请抵押权注销登记。

申请主体

不动产登记簿记载的抵押权人与抵押人可以共同申请抵押权的注销登记。债权消灭或抵押权人放弃抵押权的，抵押权人可以单方申请抵押权的注销登记。人民法院、仲裁委员会生效法律文书确认抵押权消灭的，抵押人等当事人可以单方申请抵押权的注销登记。

申请材料

1. 不动产登记申请书（原件1份）。

2. 申请人身份证明（复印件1份）。

3. 抵押权消灭的材料（原件1份）。

4. 抵押权人与抵押人共同申请注销登记的，提交不动产权证书和不动产登记证明（原件1份）；抵押权人单方申请注销登记的，提交不动产登记证明（原件1份）；抵押人等当事人单方申请注销登记的，提交证实抵押权已消灭的人民法院、仲裁委员会作出的生效法律文书（原件1份）。

办理流程：申请—受理—审核—登簿。

办理时限：材料齐全，自受理之日起3个工作日办结（特殊事项除外）。

收费标准：按照国家发改委、财政部（发改价格规〔2016〕2559号）文件规定执行。

（十三）预告登记

适用

商品房等不动产预售的；不动产买卖、抵押的；以预购商品房设定抵押权的；法律、行政法规规定的其他情形，当事人可以按照约定申请不动产预告登记。

申请主体

预告登记的申请主体应当为买卖房屋或者

其他不动产物权的协议的双方当事人。预购商品房的预售人和预购人订立商品房买卖合同后，预售人未按照约定与预购人申请预告登记时，预购人可以单方申请预告登记。

申请材料

1. 不动产登记申请书（原件1份）。

2. 申请人身份证明（复印件1份）。

3. 当事人关于预告登记的约定（原件1份）。

4. 属于下列情形的，还应当提交下列材料：

（1）预购商品房的，提交已备案的商品房预售合同（原件1份）。依法应当备案的商品房预售合同，经县级以上人民政府房产管理部门或土地管理部门备案，作为登记的申请材料；

（2）以预购商品房等不动产设定抵押权的，提交不动产登记证明以及不动产抵押合同、主债权合同（原件1份）；

（3）不动产转移的，提交不动产权属证书

（原件1份）、不动产转让合同（原件1份）；

（4）不动产抵押的，提交不动产权属证书（原件1份）、不动产抵押合同和主债权合同（原件1份）。

5. 预售人与预购人在商品房预售合同中对预告登记附有条件和期限的，预购人应当提交相应材料（原件1份）。

买卖房屋或者其他不动产物权的协议中包括预告登记的约定或对预告登记附有条件和期限的约定，可以不单独提交相应材料。

办理流程：申请—受理—审核—登簿—发证。

办理时限：材料齐全，自受理之日起5个工作日办结（特殊事项除外）。

收费标准：按照国家发改委、财政部（发改价格规〔2016〕2559号）文件规定执行。

（十四）预告登记的变更

适用

因当事人的姓名、名称、身份证明类型或者身份证明号码等发生变更的，当事人可申请预告登记的变更。

申请主体

预告登记变更可以由不动产登记簿记载的当事人单方申请。

申请材料

1. 不动产登记申请书（原件1份）。

2. 申请人身份证明（复印件1份）。

3. 预告登记内容发生变更的材料（原件1份）。

办理流程：申请—受理—审核—登簿—发证。

办理时限：材料齐全，自受理之日起5个工作日办结（特殊事项除外）。

收费标准：按照（发改价格规〔2016〕2559号）文件规定执行。

（十五）预告登记的转移

适用

因继承、受遗赠导致不动产预告登记转移的；因人民法院、仲裁委员会生效法律文书导致不动产预告登记转移的；因主债权转移导致预购商品房抵押预告登记转移的；因主债权转移导致不动产抵押预告登记转移的；法律、行政法规规定的其他情形，当事人可申请预告登记的转移。

申请主体

预告登记转移的申请人由不动产登记簿记载的预告登记权利人和该预告登记转移的受让人共同申请。因继承、受遗赠、人民法院、仲裁委员会生效法律文书导致不动产预告登记转移的可以单方申请。

申请材料

1. 不动产登记申请书（原件 1 份）。

2. 申请人身份证明（复印件 1 份）。

3. 按照不同情形，提交下列材料：

（1）继承、受遗赠的，按照不动产操作规范的相关规定提交材料（原件 1 份）；

（2）人民法院、仲裁委员会生效法律文书（原件 1 份）；

（3）主债权转让的合同和已经通知债务人的材料（原件 1 份）。

办理流程：申请—受理—审核—登簿—发证。

办理时限：材料齐全，自受理之日起5个工作日办结（特殊事项除外）。

收费标准：按照国家发改委、财政部（发改价格规〔2016〕2559号）文件规定执行。

（十六）预告登记的注销

适用

买卖不动产物权的协议被认定无效、被撤销、被解除等导致债权消灭的；预告登记的权利人放弃预告登记的；法律、行政法规规定的其他情形，当事人可申请注销预告登记。

申请主体

申请人为不动产登记簿记载的预告登记权利人或生效法律文书记载的当事人。预告当事人协议注销预告登记的，申请人应当为买卖房屋或者其他不动产物权的协议的双方当事人。

申请材料

1. 不动产登记申请书（原件1份）。

2. 申请人身份证明（复印件1份）。

3. 不动产登记证明（原件1份）。

4. 债权消灭或者权利人放弃预告登记的材料（原件1份）。

办理流程：申请—受理—审核—登簿。

办理时限：材料齐全，自受理之日起3个工作日办结（特殊事项除外）。

收费标准：按照国家发改委、财政部（发改价格规〔2016〕2559号）文件规定执行。

（十七）更正登记

适用

权利人、利害关系人认为不动产登记簿记载的事项有错误，或者人民法院、仲裁委员会生效法律文书等确定的不动产权利归属、内容与不动产登记簿记载的权利状况不一致的，当事人可以申请更正登记。

申请主体

依申请更正登记的申请人应当是不动产的权利人或利害关系人。利害关系人应当与申请更正的不动产登记簿记载的事项存在利害关系。

申请材料

1. 不动产登记申请书（原件1份）。

2. 申请人身份证明（复印件1份）。

3. 证实不动产登记簿记载事项错误的材料（原件1份），但不动产登记机构书面通知相关权利人申请更正登记的除外。

4. 申请人为不动产权利人的，提交不动产权属证书（原件1份）；申请人为利害关系人的，证实与不动产登记簿记载的不动产权利存在利害关系的材料（原件1份）。

办理流程：申请—受理—审核—登簿—发证。

办理时限：材料齐全，自受理之日起5个工作日办结（特殊事项除外）。

收费标准：按照国家发改委、财政部（发改价格规〔2016〕2559号）文件规定执行。

（十八）异议登记

适用

利害关系人认为不动产登记簿记载的事项有错误，权利人不同意更正的，利害关系人可以申请异议登记。

申请主体

异议登记申请人应当是利害关系人。

申请材料

1. 不动产登记申请书（原件1份）。

2. 申请人身份证明（复印件1份）。

3. 证实对登记的不动产权利有利害关系的材料（原件1份）。

4. 证实不动产登记簿记载的事项错误的材料（原件1份）。

办理流程：申请—受理—审核—登簿。

办理时限：材料齐全，即时办理。

收费标准：按照国家发改委、财政部（发改价格规〔2016〕2559号）文件规定执行。

（十九）注销异议登记

适用

异议登记期间，异议登记申请人可以申请注销异议登记；异议登记申请人自异议登记之日起15日内，未提交人民法院受理通知书、仲裁委员会受理通知书等提起诉讼、申请仲裁的，异议登记失效。

申请主体

注销异议登记申请人是异议登记申请人。

申请材料

1. 不动产登记申请书（原件1份）。

2. 申请人身份证明（复印件1份）。

3. 异议登记申请人申请注销登记的，提交不动产登记证明（原件1份）；或者异议登记申请人的起诉被人民法院裁定不予受理或者予以驳回诉讼请求的材料（原件1份）。

办理流程：申请—受理—审核—登簿。

办理时限：材料齐全，即时办理。

收费标准：按照国家发改委、财政部（发改价格规〔2016〕2559号）文件规定执行。

（二十）查封登记

适用

不动产登记机构依据司法机关等的生效法律文书依法办理查封登记的，适用查封登记。

司法查封主体

司法查封的主体应当为人民法院、人民检

察院或公安机关等国家有权机关。

查封材料

1. 人民法院、人民检察院或公安机关等国家有权机关送达人的工作证和执行公务的证明文件。委托其他法院送达的，应当提交委托材料。

2. 人民法院查封的，应提交查封或者预查封的协助执行通知书；人民检察院、公安机关等国家有权机关的司法查封文件。

办理流程：司法文件—受理—审核—登簿。

办理时限：材料齐全，即时办理。

收费标准：按照国家发改委、财政部（发改价格规〔2016〕2559号）文件规定执行。

（二十一）注销查封登记

适用

1. 查封期间，查封机关解除查封的，不动产登记机构应当根据其嘱托文件办理注销查封登记。

2. 不动产查封、预查封期限届满，查封机关未嘱托解除查封、解除预查封或续封的，查封登记失效。

登记材料

1. 人民法院、人民检察院或公安机关等国家有权机关送达人的工作证和执行公务的证明文件。委托其他法院送达的，应当提交委托材料。

2. 人民法院解除查封的，提交解除查封或解除预查封的协助执行通知书；公安机关等人民政府有权机关解除查封的，提交协助解除查封通知书；人民检察院解除查封的，提交解除查封函。

办理流程：嘱托—受理—审核—登簿。

办理时限：材料齐全，即时办理。

收费标准：按照国家发改委、财政部（发改价格规〔2016〕2559号）文件规定执行。

注：

1. 所提交材料为复印件的均需校验原件，因特殊情况不能提供原件的，可以提交该材料的出具机构或职权继授机构确认与原件一致的复印件。

2. 身份证明材料内容：（1）境内自然人：提交居民身份证或军官证、士官证；身份证遗失的，应提交临时身份证；未成年人可以提交居民身份证或户口簿；（2）香港、澳门特别行政区自然人：提交香港、澳门特别行政区居民身份证、护照，或者来往内地通行证；（3）台湾地区自然人：提交台湾居民来往大陆通行证；（4）华侨：提交中华人民共和国护照和国外长期居留身份证件；（5）外籍自然人：中国政府主管机关签发的居留证件，或者其所在国护照，英文译本；（6）境内法人或其他组织：营业执照，或者组织机构代码证，或者其他身份登记证明；（7）香港特别行政区、澳门特别行政区、台湾地区的法人或其他组织：提交其在境内设立分支机构或代表机构的批准文件和注册证明；（8）境外法人或其他组织：提交其在境内设立分支机构或代表机构的批准文件、注册证明。

3. 委托他人办理的需提供授权委托书（原件 1 份）及代理人身份证（复印件 1 份）。

4. 无民事行为能力人、限制民事行为能力人申请不动产登记的，应当由其监护人代为申请。

5. 办理时限中特殊事项指：未经公证继承受遗赠涉及不动产登记、批量不动产登记、涉及税收需上门评估、单位转让不动产涉税事项和企业改组改制不动产登记、公告、划拨补办出让等情形。

6. 不动产登记机构工作人员根据不同申请登记事项进行询问，形成询问记录存入受理资料。

7. 除法律、行政法规以及《实施细则》规定需增加的其他材料外，原则上上述各主要登记类型按列明的申请材料进行办理。

第五章　土地确权

一、国有土地所有权的确权依据

（一）城市市区的土地。

（二）依据1950年《中华人民共和国土地改革法》及有关规定，凡当时没有将土地所有权分配给农民的土地、实施1962年《农村人民公社工作条例修正草案》（以下简称《六十条》）未划入农民集体范围内的土地。

（三）农村和城市郊区中已经依法没收、征收、征购为国有的土地。

（四）国家依法征用的土地。

（五）依法不属于集体所有的林地、草地、荒地、滩涂及其他土地。

（六）农村集体经济组织全部成员转为城镇居民的，原属于其集体所有的土地。

（七）因国家组织移民、自然灾害等原因，农民集体迁移后不再使用的原属于迁移农民集体所有的土地。

（八）开发利用国家土地，开发利用者仅依法享有土地使用权，土地所有权仍为国家所有。

（九）国有铁路线路、车站、货场用地以及依法留用的其他铁路用地。

（十）县级以上（含县级）公路线路用地。

（十一）国有电力、通讯设施用地。

（十二）军队接收的敌伪地产及解放后经人民政府批准征用、划拨的军事用地。

（十三）河道、堤防内的土地和堤防外的护堤地、无堤防河道历史最高洪水位或者设计洪水位以下的土地，不包括土改时已将所有权分配给农民、国家未征用、且迄今仍由农民集体使用的土地。

（十四）县级以上（含县级）水利部门直接管理的水库、渠道等水利工程用地。

（十五）全民所有制单位和城镇集体所有制单位兼并农民集体企业的，办理有关手续后，被兼并的原农民集体企业使用的集体所有土地；乡（镇）企业依照国家建设征用土地的审批程序和补偿标准使用的非本乡（镇）村农民集体所有的土地。

（十六）1962 年 9 月《六十条》公布以前，全民所有制单位，城市集体所有制单位和集体所有制单位的华侨农场使用的原农民集体所有的土地（含合作化之前的个人土地），迄今没有退给农民的集体土地。

（十七）《六十条》公布时起至 1982 年 5 月《国家建设征用土地条例》公布时止，全民所有制单位、城市集体所有制单位使用的原农民集体所有的土地，具有下列情形之一的，属于国家所有：

1. 签订过土地转移等有关协议的；

2. 经县级以上人民政府批准使用的；

3. 进行了一定补偿或安置劳动力的；

4. 接受农民集体馈赠的；

5. 已购买原集体所有的建筑物的；

6. 农民集体所有制企、事业单位转为全民所有制或城市集体所有制单位的。

（十八）1982 年 5 月国务院《国家建设征用土地条例》公布时起至 1987 年《中华人民共和国土地管理法》开始施行时止，全民所有制单位、城市集体所有制单位违反规定使用的农民集体土地，依照有关规定进行清查处理后仍由全民所有制单位、城市集体所有制单位使用的土地。

（十九）1986 年 3 月中共中央、国务院《关于加强土地管理，制止乱占耕地的通知》发布之前，全民所有制单位、城市集体所有制单位租用农民集体所有的土地，按有关规定处理后，已建成永久性建筑物的，由用地单位按租用时的规定，补办手续，土地归国家所有。

（二十）土地所有权有争议，不能依法证明争议土地属农民集体所有的，属国家所有。

二、集体土地所有权的确权依据

（一）农村和城市郊区的土地，除由法律

规定属于国家所有的以外，属于农民集体所有；宅基地和自留地、自留山，属于农民集体所有。

农民集体所有的土地依法属于村农民集体所有的，由村集体经济组织或村民委员会经营、管理；已经分别属于村内两个以上农村集体经济组织的农民集体所有的，由村内各该农村集体经济组织或村民小组经营、管理；已经属于乡（镇）农村集体经济组织经营、管理。

（二）土地改革时分给农民并颁发了土地所有证的土地；实施《六十条》时确定为集体所有的土地。

（三）村农民集体所有的土地，按目前该村农民集体实际使用的本集体土地所有权界线确定所有权。根据《六十条》确定的农民集体土地所有权，由于以下原因发生变更的，按变更后的现状确定集体土地所有权：

1. 由于村、队、社、场合并或分割等管理体制的变化引起土地所有权变更的；

2. 由于土地开发、国家征地、集体兴办

企、事业或者自然灾害等原因进行过土地调整的；

3. 由于农田基本建设和行政区划变动等原因重新划定的土地所有权界线的。行政区划变动未涉及土地权属变更的，原土地权属不变。

（四）土地改革时分配给农民所有的原铁路用地和新建铁路两侧未经征用的农民集体所有的土地。

（五）公路两侧保护用地和公路其他用地凡未经征用的农民集体所有的土地。

（六）国家电力通讯杆、塔占用农民集体所有的土地，未办征用手续的属于农民集体所有的土地。

（七）河道堤防内的土地和堤防外的护堤防，无堤防河道历史最高洪水位或设计洪水位以下的土地，土改时已将所有权分配给农民，国家未征用、且迄今仍由农民集体使用的土地。

（八）县级以上（含县级）水利工程管理和保护范围内未经征用的农民集体土地。

（九）国家建设对农民集体全部进行移民安置并调剂土地后，原集体仍继续使用的、国家未征用的集体所有的土地。

（十）1986 年 3 月中共中央、国务院《关于加强土地管理、制止乱占耕地的通知》发布前，全民所有制单位、城市集体所有制单位租用农民集体所有的土地，按有关规定处理后，能恢复耕种的，退还农民集体耕种，所有权属农民集体。

（十一）农民集体连续使用其他农民集体所有土地已满二十年的，视为现使用者所有；连续使用不满二十年或虽满二十年但在二十年期满前所有者曾向现使用者或有关部门提出归还的，由县级以上人民政府根据具体情况确定土地所有权。

（十二）乡（镇）或村在集体所有的土地上修建并管理的道路、水利设施用地，分别属乡（镇）或村农民集体所有。

（十三）乡（镇）或村办企、事业单位使用的集体土地，《六十条》公布以前使用的，分别属于该乡（镇）或村农民集体所有；《六十条》公布时起至1982年国务院《村镇建房用地管理条例》发布时止使用的，有以下情况之一的，分别属于该乡（镇）或村农民集体所有。

1. 签订过用地协议的（不含租借）；

2. 经县、乡（公社）、村（大队）批准或同意，并进行了适当的土地调整或经过一定补偿的；

3. 通过购买房屋取得的；

4. 原集体企、事业单位体制经批准变更的。1982年国务院《村镇建房用地管理条例》发布时起至1987年《中华人民共和国土地管理法》开始施行时止，乡（镇）村办企、事业单位违反规定使用的集体土地按照有关规定清查处理后，乡（镇）村集体单位继续使用的，可确定为该乡（镇）或村集体所有。1987年《中华人民共和国土地管理法》施行后违法占用的土地，须依法处理后再确定所有权。

（十四）乡（镇）企业使用本乡（镇）村

集体所有的土地，依照有关规定进行补偿和安置的，土地所有权转为乡（镇）农民集体所有。经依法批准的乡（镇）村公共设施、公益事业使用的农民集体土地，分别属乡（镇）村农民集体所有。

（十五）农民集体经依法批准以土地使用权作为联营条件与其他单位或个人联营企业的，或者农民集体经依法批准以集体所有的土地使用权作价入股，举办外商投资企业和内联乡镇企业的，集体土地所有权不变。

三、国有土地使用权的确权依据

（一）原由铁路、公路、水利、电力、军队及其他单位和个人使用的土地，1982 年 5 月国务院《国家建设征用土地条例》公布之前，已经转由其他单位或个人使用的，除按照国家法律和政策应当退还的外，其土地使用权可确定给实际土地使用者，但严重影响上述部门设施安全和正常使用的，暂不确定土地使用权。按照有关规定处理后，再确定土地使用权。1982 年 5 月以后非法转让的，经依法处理后再确定使用权。

（二）1987 年 1 月《中华人民共和国土地管理法》施行之前重复划拨或重复征用的土地，可按目前实际使用情况或根据最后一次划拨或征用文件确定使用权。

（三）土地使用者经国家依法划拨、出让或解放初期接收、沿用、或通过依法转让、继承、接受地上建筑物等方式使用的国有土地。

（四）土地公有制之前，通过购买房屋或土地及租赁方式使用私有的土地，土地转为国有后迄今仍继续使用的。

（五）土地使用权确定给直接使用土地的单位或个人，但法律、法规、政策另有规定的除外。

（六）因原房屋拆除、改建或自然坍塌等原因，已经变更了实际土地使用者的，经依法审核批准，可将土地使用权确定给实际土地使用者；空地及房屋坍塌或拆除后两年以上仍未恢复使用的土地，由当地县级以上人民政府收回土地使用权。

（七）其他单位占用的原宗教团体、寺观教堂宗教活动用地，原使用单位因恢复宗教活动需要退还使用的，应按有关规定予以退还，确属无法退还或土地使用权有争议的，经协商、处理后确定使用权。

（八）军事设施用地（包括靶场、试验场、训练场）依照解放初期土地接收文件和人民政府批准征用的划拨土地的文件确定土地使用权。土地使用权有争议的，按国务院、中央军委有关文件规定处理后，再确定土地使用权；经国家批准撤消的军事设施，其土地使用权依照有关规定由当地县级以上人民政府收回并重新确定使用权。

（九）依法接收、征用、划拨的铁路线路用地及其他铁路设施用地、现仍由铁路单位使用的，其使用权确定给铁路单位。铁路线路路基两侧依法取得使用权的保护用地，使用权确定给铁路单位。

（十）驻机关、企、事业内的行政管理和服务性单位，经政府批准使用的土地，可以由土地行政主管部门明确被驻单位规定土地的用途和其他限制条件后，分别确定实际土地使用者土地使用权，租用房屋的除外。

（十一）农民集体使用的国有土地，其使用权按县级以上人民政府主管部门审批、划拨文件确定；没有审批、划拨文件的，依照当时规定补办手续后，按使用现状确定；过去未明确划定使用界线的，由县级以上人民政府参照土地实际使用情况确定。

（十二）未按规定用途使用的国有土地，由县级以上人民政府收回重新安排使用或按有关规定处理后确定使用权。

（十三）以土地使用权为条件与其他单位或个人合建房屋的，依据批准文件，合建协议或投资数额确定土地使用权，但1982年国务院《国家建设征用土地条例》公布后合建的，应依法办理土地转让手续后再确定土地使用权。

（十四）以出让方式取得的土地使用权或以划拨方式取得的土地使用权补办出让手续后

作为资产入股的，土地使用权确定给股份制企业；国家将土地使用权租赁给股份企业的，土地使用权确定给股份制企业；企业以出让当时取得的土地使用权或以划拨方式取得的土地使用权补办出让手续后，出租给股份制企业的，土地使用权不变。

（十五）企业以出让方式取得的土地使用权，企业破产后，经依法处置，确定给新的受让人；企业通过划拨方式取得的土地使用权，企业破产时，其土地使用权由县级以上人民政府收回后，根据有关规定进行处置。

（十六）法人之间合并，依法属于应当以有偿方式取得土地使用权的，原土地使用权应当办理有关手续，有偿取得土地使用权，依法可以以划拨方式取得土地使用权的，可以办理划拨土地权属登记，取得土地使用权。

四、集体土地建设用地使用权的确权依据

（一）1982 年国务院发布《村镇建房用地管理条例》之前农村居民建房占用的宅基地，超过当地政府规定的面积，在《村镇建房用地管理条例》实施后未经拆迁、改建、翻建的，可以暂按现有实际使用面积确定集体土地建设用地使用权。

（二）1982年2月《村镇建房用地管理条例》发布时起至1987年1月《土地管理法》开始施行时止，农村居民建房占用的宅基地，其面积超过当地政府规定标准的，超过部分按1986年3月中共中央、国务院《关于加强土地管理、制止乱占耕地的通知》及地方人民政府的有关规定处理后，按处理后实际使用面积确定集体土地建设用地使用权。

（三）符合当地政府分户建房规定而尚未分户的农村居民，其现有宅基地没有超过分户建房用地合计面积标准的，可按现有宅基地面积确定集体土地建设用地使用权。

（四）乡（镇）村办企、事业单位和个人依法使用农民集体土地进行非农业建设的，可依法确定使用者集体土地建设用地使用权。对多占少用、占而不用的，对其闲置部分不予确定使用权，并退还农民集体，另行安排使用。

（五）农民集体依法批准以土地使用权作为联营条件与其他单位或个人举办联营企业的，或者农民集体经依法批准以集体所有的土地使用权入股，举办外商投资企业或内联乡镇企业的，集体土地建设用地使用权确定给联营或股份制企业。

（六）非农业户口居民（含华侨）原在农村的宅基地，房屋产权没有变化的，可依法确定其集体土地建设用地使用权。房屋拆除后没有批准重建的，土地使用权由集体收回。

（七）接受转让、购买房屋取得的宅基地，与原有宅基地合计面积超过当地政府规定标准，按有关规定处理后允许继续使用的，可暂确定其集体土地建设用地使用权。继承房屋取得的宅基地，可确定集体土地建设用地使用权。

（八）农村专业户宅基地以外的非农业建设用地与宅基地分别确定集体土地建设用地使用权。

（九）空闲或房屋坍塌、拆除两年以上未

恢复使用的宅基地，不确定土地使用权。已确定使用权的，由集体报经县级人民政府批准，注销其土地登记，土地由集体收回。

五、共有权利及他项权利的确权依据

（一）一宗地由两个以上单位或个人共同使用的，可确定为共有土地使用权，共有土地使用权面积可以在共有使用人之间分摊。

（二）平面交叉使用土地的，可确定为共有土地使用权；也可将土地使用权确定给主要用途或优先使用单位，次要和服从使用单位可确定为他项权利。

地面与空中、地面与地下立体交叉使用土地的（楼房除外），土地使用权确定给地面使用者，空中和地下可确定为他项权利；

（三）国家确定的保留或地方代管的军事设施用地的土地使用权确定给军队，现由其他单位使用的，可依照有关规定确定为他项权利。

（四）他项权利依照法律或当事人约定设定。

第六章　目前实际工作中存在的土地利用管理的突出问题

一、商务部门在加油站用地招拍挂中对投标、竞买人设置竞买资格的问题

商务部《成品油市场管理办法》（23号令）第二十二条规定："采取国有土地使用权招标、拍卖、挂牌等方式确定经营单位的新建加油站项目，招标方、拍卖委托人等单位应取得所在地省级人民政府商务主管部门关于招标、拍卖标的物的规划确认文件，方可组织招标、拍卖活动；投标申请人和竞买人应当经省级人民政府商务主管部门同意并取得预核准文件后，方可参加投标、竞买。"

国土资源部《招标拍卖挂牌出让国有建设用地使用权规定》（39号令）明确土地竞买人

的条件是："中华人民共和国境内外的自然人、法人和其他组织，除法律、法规另有规定外，均可申请参加国有建设用地使用权招标拍卖挂牌出让活动"、"出让人在招标拍卖挂牌出让公告中不得设定影响公平、公正竞争的限制条件。"

国土资源部2005年在回复宁夏回族自治区国土资源厅《关于加油站用地招标拍卖挂牌政策的复函》（国土资厅函【2005】485号）中明确："根据现行政策规定，加油站用地属于经营性用地，必须以招标拍卖挂牌方式公开供应，对投标竞买人和竞买申请人没有条件限制。中标人和竞得人通过招标拍卖挂牌方式取得土地使用权后，应办理有关部门规定的建设和经营手续。"

商务部门在加油站用地招拍挂中对投标、竞买人设置竞买资格的问题，建议国务院组织商务部门、自然资源部在加油站用地招拍挂中对投标、竞买人设置竞买资格问题协调统一后，以正式文件形式予以明确。

二、已出让土地规划条件变更经评估后补缴地价款为负值，是否退还受让人出让价款目前尚无政策依据

已出让土地规划条件变更经评估后补缴地价款为正值，土地受让人补缴相应土地出让价款的情况比较普遍。但是，已出让土地规划条件变更经评估后补缴地价款为负值，地方政府向土地受让人退还相应土地出让价款的做法，在实践中鲜有采用。主要原因是目前国家对已出让土地规划条件变更经评估后补缴地价款为负值的，退还受让人出让价款尚无相关政策依据。

建议自然资源部明确针对已出让土地规划条件变更经评估后补缴地价款为负值的情形，地方政府是否退还受让人出让价款出台相应政策。

附表1：投资强度控制指标

万元/公顷

行业代码 地区分类	一类		二类	三类	五类	六类	七类
	市县等别	第一、二、三、四等	第五、六等	第七、八等	第十一、十二等	第十三、十四等	第十五等
13	≧1935		≧1555	≧1125	≧660	≧590	≧440
14	≧1935		≧1555	≧1125	≧660	≧590	≧440
15	≧1935		≧1555	≧1125	≧660	≧590	≧440
16	≧1935		≧1555	≧1125	≧660	≧590	≧440
17	≧1935		≧1555	≧1125	≧660	≧590	≧440
18	≧1935		≧1555	≧1125	≧660	≧590	≧440
19	≧1935		≧1555	≧1125	≧660	≧590	≧440
20	≧1555		≧1245	≧900	≧520	≧470	≧440
21	≧1815		≧1450	≧1055	≧605	≧555	≧440
22	≧1935		≧1555	≧1125	≧660	≧590	≧440
23	≧2590		≧2070	≧1505	≧865	≧780	≧440
24	≧1935		≧1555	≧1125	≧660	≧590	≧440
25	≧2590		≧2070	≧1505	≧865	≧780	≧440
26	≧2590		≧2070	≧1505	≧865	≧780	≧440

行业代码 地区分类	一类		二类	三类	五类	六类	七类
	市县等别	第一、二、三、四等	第五、六等	第七、八等	第十一、十二等	第十三、十四等	第十五等
27	≧ 3885		≧ 3105	≧ 2260	≧ 1295	≧ 1175	≧ 440
28	≧ 3885		≧ 3105	≧ 2260	≧ 1295	≧ 1175	≧ 440
29	≧ 2590		≧ 2070	≧ 1505	≧ 865	≧ 780	≧ 440
30	≧ 2070		≧ 1660	≧ 1210	≧ 690	≧ 625	≧ 440
31	≧ 1555		≧ 1245	≧ 900	≧ 520	≧ 470	≧ 440
32	≧ 3105		≧ 2485	≧ 1815	≧ 1035	≧ 935	≧ 440
33	≧ 3105		≧ 2485	≧ 1815	≧ 1035	≧ 935	≧ 440
34	≧ 2590		≧ 2070	≧ 1505	≧ 865	≧ 780	≧ 440
35	≧ 3105		≧ 2485	≧ 1815	≧ 1035	≧ 935	≧ 440
36	≧ 3105		≧ 2485	≧ 1815	≧ 1035	≧ 935	≧ 440
37	≧ 3885		≧ 3105	≧ 2260	≧ 1295	≧ 1175	≧ 440
39	≧ 3105		≧ 2485	≧ 1815	≧ 1035	≧ 935	≧ 440
40	≧ 4400		≧ 3520	≧ 2575	≧ 1470	≧ 1330	≧ 440
41	≧ 3105		≧ 2485	≧ 1815	≧ 1035	≧ 935	≧ 440
42	≧ 1555		≧ 1245	≧ 900	≧ 520	≧ 470	≧ 440
43	≧ 1555		≧ 1245	≧ 900	≧ 520	≧ 470	≧ 440

附表2：容积率控制指标

代码	行业分类	容积率
13	农副食品加工业	≧1.0
14	食品制造业	≧1.0
15	饮料制造业	≧1.0
16	烟草加工业	≧1.0
17	纺织业	≧0.8
18	纺织服装鞋帽制造业	≧1.0
19	皮革、毛皮、羽绒及其制品业	≧1.0
20	木材加工及竹、藤、棕、草制品业	≧0.8
21	家具制造业	≧0.8
22	造纸及纸制品业	≧0.8
23	印刷业、记录媒介的复制	≧0.8
24	文教体育用品制造业	≧1.0
25	石油加工、炼焦及核燃料加工业	≧0.5
26	化学原料及化学制品制造业	≧0.6
27	医药制造业	≧0.7
28	化学纤维制造业	≧0.8
29	橡胶制品业	≧0.8
30	塑料制品业	≧1.0

附表2：容积率控制指标

代码	行业分类	容积率
31	非金属矿物制品业	≧0.7
32	黑色金属冶炼及压延加工业	≧0.6
33	有色金属冶炼及压延加工业	≧0.6
34	金属制品业	≧0.7
35	通用设备制造业	≧0.7
36	专用设备制造业	≧0.7
37	交通运输设备制造业	≧0.7
39	电气机械及器材制造业	≧0.7
40	通信设备、计算机及其他电子设备制造业	≧1.0
41	仪器仪表及文化、办公用机械制造业	≧1.0
42	工艺品及其他制造业	≧1.0
43	废弃资源和废旧材料回收加工业	≧0.7

参考文献

1. 《中华人民共和国物权法》

2. 《中华人民共和国土地管理法》

3. 《中华人民共和国城市房地产管理法》

4. 《中华人民共和国土地改革法》（1950年6月30日）

5. 《中共中央 国务院关于加强土地管理制止乱占耕地的通知》（中发〔1986〕7号）

6. 《国务院关于发布〈国家建设征用土地条例〉的通知》（国发〔1982〕80号）

7. 《农村人民公社工作条例修正草案》（1962年）

8. 《国务院关于加强国有土地资产管理的通知》（国发〔2001〕15号）

9. 《国务院关于深化改革严格土地管理的

决定》（国发〔2004〕28 号）

10.《国务院关于发布〈村镇建房用地管理条例〉的通知》（国发〔1982〕29 号）

11.《国务院办公厅转发发展改革委等部门关于制止钢铁电解铝水泥行业盲目投资若干意见的通知》（国办发〔2003〕103 号）

12.《国务院办公厅关于深入开展土地市场治理整顿严格土地管理的紧急通知》（国办发明电〔2004〕20 号）

13.《国土资源部 国家发展和改革委员会 财政部 住房和城乡建设部 农业部 中国人民银行 国家林业局 中国银行业监督管理委员会 关于扩大国有土地有偿使用范围的意见》（国土资规〔2016〕20 号）

14.《国家发展改革委财政部关于不动产登记收费标准等有关问题的通知》（发改价格规〔2016〕2559 号）

15.《自然资源部关于健全建设用地“增存挂钩”机制的通知》（自然资规〔2018〕1 号）

16.《环境保护部 工业和信息化部 国土资源部 住房和城乡建设部关于保障工业企业场地再开发利用环境安全的通知》（环发〔2012〕140号）

17.《招标拍卖挂牌出让国有建设用地使用权规定》（国土资源部令第39号）

18.《闲置土地处置办法》（国土资源部令第53号）

19.《协议出让国有土地使用权规定》（国土资源部令第21号）

20.《关于印发〈国土资源部关于加强土地资产管理 促进国有企业改革和发展的若干意见〉的通知》（国土资发〔1999〕433号）

21.《划拨用地目录》（国土资源部令第9号）

22.《限制供地项目目录》（2012年本）

23.《禁止供地项目目录》（2012年本）

24.《国土资源部关于加强房地产用地供应和监管有关问题的通知》（国土资发〔2010〕34号）

25. 《关于发布和实施〈工业项目建设用地控制指标〉的通知》（国土资发〔2008〕24号）

26. 《关于印发〈建设用地容积率管理办法〉的通知》（建规〔2012〕22号）

27. 《成品油市场管理办法》（商务部令2006年第23号）

28. 《国土资源部办公厅关于印发〈国有建设用地使用权出让地价评估技术规范〉的通知》（2018年3月9日）

29. 自然资源部办公厅关于政府原因闲置土地协议有偿收回相关政策的函（自然资办函〔2018〕1903号）

30. 《土地使用标准汇编（上下）》（2012年）

31. 《国有建设用地使用权出让合同》

32. 《关于加油站用地招标拍卖挂牌政策的复函》（国土资厅函〔2005〕485号）

33. 《土地、矿产资源管理材料》

34. 《云南省国土资源厅关于印发深入开

展批而未供和闲置土地处置攻坚行动实施方案的通知》（云国土资〔2018〕164号）

35.《昆明市建设项目用地审批报件清单》

36.《昆明市不动产登记办事指南》

37.《昆明市人民政府办公厅关于转发昆明市完善用地中已出让土地补缴土地使用权出让价款办法的通知》（昆政办〔2010〕220号）

38.《昆明市人民政府办公厅关于对完善用地中已出让土地补缴土地使用出让价款的意见》

后　　记

土地者，乃大自然为了帮助人类，包括陆地、海洋、空气、光和热各方面所赠与的物质和力量的总称也。

土地者，怀四大功能。一乃生产物质的生产功能；二乃城乡环境的调节、净化、循环、缓冲等生态服务功能；三乃维持农民的基本生计功能；四乃支撑城市社会经济发展和基础设施建设的空间需求功能。

“绿水青山就是金山银山。”怎样管理和保护好我们共同拥有的土地资源，使他们能够最大限度地发挥功能，是我们这一代乃至子孙后代所必须担负的艰巨任务。

无土地，人类将何往？

微斯人，吾谁与归？

笔者有感于10年来在土地资源管理一线的工作、学习和实践，编著了《土地资源管理与行政审批实践参考》。本书的付梓，得以抚慰笔者的心灵，正是：此心安处是吾乡。本书如能引发同行或土地利用爱好者的兴趣，同时能够获得一定的帮助，是出版本书的最大收获也。在此，要特别感谢云南美术出版社的大力支持。因编著时间仓促，编著者水平有限，书中难免存在问题，请各位专家和读者批评指正。

编著者

2018年5月25日于昆明

图书在版编目（CIP）数据

土地资源管理与行政审批实践参考 / 鲁斌编著 . —
昆明：云南美术出版社，2018.11
ISBN 978-7-5489-3544-5

Ⅰ . ①土…　Ⅱ . ①鲁…　Ⅲ . ①土地资源—资源管理—行政管理—审批制度—中国　Ⅳ . ① F323.211

中国版本图书馆 CIP 数据核字（2018）第 283457 号

出 版 人： 李　维　刘大伟
责任编辑： 汤　彦
装帧设计： 倪　蓉

土地资源管理与行政审批实践参考

鲁斌　编著

出版发行： 云 南 出 版 集 团
云南美术出版社
社　　址： 昆明市环城西路 609 号 24-25 楼（电话：0871-64193399）
印　　刷： 云南民族印刷厂
开　　本： 889mm × 1194mm　1/32
印　　张： 5
版　　次： 2019 年 2 月第 1 版
印　　次： 2019 年 2 月第 1 次印刷
书　　号： ISBN 978-7-5489-3544-5
定　　价： 56.00 元